EDSON DE PAULA

A MULHER É UM SHOW!

O livro definitivo de *Coaching* **Aplicado**
para o dia a dia da mulher que é
linda, maravilhosa e poderosa

A MULHER É UM SHOW!

Presidente:
Mauricio Sita

Capa:
Marcelo Myatã

Ilustração da capa:
Cesar Augusto Braz Lemes

Diagramação:
Candido Ferreira Jr.

Revisão:
Equipe da Editora Ser Mais

Gerente de Projeto:
Gleide Santos

Diretora de Operações:
Alessandra Ksenhuck

Diretora Executiva:
Julyana Rosa

Relacionamento com o cliente:
Claudia Pires

Impressão:
Imprensa da Fé

Dados Internacionais de Catalogação na Publicação (CIP)
(Câmara Brasileira do Livro, SP, Brasil)

Paula, Edson De
A mulher é um show! / Edson De Paula. --
São Paulo : Editora Ser Mais, 2014.

ISBN 978-85-63178-58-9

1. Coaching 2. Motivação 3. Mulheres -
Comportamento 4. Mulheres - Conduta de vida
5. Mulheres executivas 6. Mulheres nas profissões
7. Sucesso profissional 8. Vida pessoal I. Título.

14-03045   CDD-650.1082

Índices para catálogo sistemático:
1. Mulheres : Coaching : Vida profissional e
vida pessoal : Administração 650.1082

Editora Ser Mais Ltda
Rua Antônio Augusto Covello, 472 – Vila Mariana – São Paulo, SP – CEP 01550-060
Fone/fax: (0**11) 2659-0968
Site: www.editorasermais.com.br   e-mail: contato@revistasermais.com.br

Sumário

Prefácio

Você mulher contemporânea, por querer a liberdade e a felicidade plena, lutou para demonstrar que é igual aos homens, e que portanto, merecia as mesmas oportunidades. Coitados dos homens. Confundiram concessões com conquistas. Quando perceberam, vocês haviam ocupado todos os espaços, e em poucas décadas o mercado estava mulherizado. Melhor que isso, ou pior, dependendo do ponto de vista, fazendo tudo igual, ou melhor, que os homens. Mas, pior que isso, ou melhor, dependendo do ponto de vista, multitarefas por natureza, não se desvencilharam do peso da responsabilidade do terceiro tempo. Por mais que alguns homens "ajudem", as tarefas domésticas e de mãe são quase uma carga genética, mas que vocês carregam sem reclamar do peso. E, algum inábil ousou certa vez de chamá-las de sexo frágil.

Na introdução deste livro, o meu querido amigo e competentíssimo *coach*, palestrante, treinador e escritor Edson De Paula escreveu uma verdadeira ode à mulher. Tudo absolutamente merecido. Não serei repetitivo, até por que o que ele transmitiu é irretocável e reforça o orgulho feminino, de todas.

Este livro trata principalmente do lado profissional da mulher de uma forma única e oportuna. O Edson foi generoso uma vez que estruturou e publicou aqui um perfeito programa de *coaching*. Ele mostra os caminhos e dá as ferramentas. E se você, cara leitora, se decidir por fazer passo a passo "a lição de casa" verá que pode vencer qualquer obstáculo, e que sua vida ficará mais fácil e planejada.

Sorte a sua que agora começou a leitura deste livro. Eu lhe asseguro que ele poderá ser o seu "manual do sucesso".

Mauricio Sita

Presidente da Editora Ser Mais

Mestre em Psicanálise Clinica

Criador do curso de meditação Neo-Equilibrium

Autor dos livros "Como levar um homem à loucura na cama" e " Vida Amorosa 100 Monotonia" "Neo-Equilibrium" e "O que Freud não explicou"

Sobre o autor

Edson De Paula é palestrante, *coach* e comunicólogo, especialista nas áreas de comunicação, liderança e desenvolvimento humano.

Atuou como empresário nas áreas de comunicação corporativa e marketing, possuindo uma experiência profissional com mais de 25 anos de atuação no desenvolvimento de ações estratégicas para empresas nacionais e multinacionais.

Já aprimorou competências de liderança e comunicação, por meio de processos de *coaching*, palestras e treinamentos de equipes, para os mais diversos tipos de públicos e faixas etárias, desde universitários até executivos.

Possui uma grande experiência no ambiente acadêmico e corporativo e é reconhecido pela sua alta capacidade de adaptar e repassar conteúdos para aprendizagem com muita naturalidade, motivação e força didática.

Sua palestra "A mulher é um show!", que intitula este livro, é a primeira no país que integra os conceitos de *Life Coaching* ao universo feminino.

Dedicatória

Dedico este livro à Dona Dirce.
Minha mãe, amiga e conselheira.
Dedico este livro à Liliane.
Minha mulher, sócia, esposa, amiga.
Verdadeiras mulheres que são um show!

Agradecimentos

A Deus, pela força, beleza e sabedoria: os três pilares que sustentam a vida.

À mulher da minha vida, Liliane, por todos os momentos que dividimos juntos, por acreditar que tudo é possível mesmo quando o tudo parece difícil.

Aos meus filhos, Edley e Edilayne, que até em seus nomes representam a soma de Edson e Liliane.

À minha mãe, Dona Dirce, por que mãe é mãe sempre.

Ao meu pai, Seu Ednilson, por ter sido escolhido pela minha mãe para cuidar da nossa família.

A todos que participam das minhas palestras e treinamentos, vocês são os responsáveis pelo meu entusiasmo, vocês me inspiram a ser mais e melhor sempre.

E a você, "mulher que é um show!", por ter sido escolhida pelo meu livro, pois costumo sempre dizer que somos escolhidos pelo livro.

Então, obrigado por aceitar o convite deste livro.

Introdução

Tenho a honra de conviver com três mulheres que são um show na minha vida: minha esposa, minha filha e minha mãe. É uma tríplice felicidade poder conviver com estas mulheres, além de todas aquelas que conheci ou conheço pessoal e profissionalmente.

Resolvi escrever este livro, pois como *coach* profissional tenho atuado no atendimento de muitas mulheres que são líderes ou empresárias, além de serem mães e chefes de suas famílias, e isso tem me estimulado a estudar cada vez mais para poder entender as principais diferenças que existem no comportamento entre homens e mulheres.

Além disso, eu quero oferecer a você, mulher que é um show, uma oportunidade de se conhecer e poder se desenvolver mais e melhor pelo *Coaching* Aplicado que disponibilizo para você nas páginas deste livro.

Aproveite para fazer todas as atividades propostas, tenho certeza de que serão de muita valia para você que é uma mulher guerreira, líder e amante da vida, pois escrevi este livro especialmente para mulheres que têm este perfil.

Eu quero que você saiba, com todo respeito, que para mim, as mulheres sempre foram e sempre serão um mistério a ser revelado, um tesouro a ser descoberto e, quanto mais eu estudo sobre elas, menos eu as compreendo, porém cada vez mais fico fascinado com sua força, beleza e amor pela vida.

Talvez seja aí que resida todo o fascínio que nós, homens, temos pela mulher: nós não as compreendemos, contudo as amamos.

Falar sobre a mulher sempre será um desafio para nós, que somos homens, pois elas são seres mutantes que vivem em constante desenvolvimento e, sob a ótica comportamental, os homens são bem mais simples se comparados às mulheres.

Por exemplo, se estão assistindo a um jogo de futebol, sua atenção é focada no jogo e, nada mais, no máximo irão prestar atenção se a cerveja está bem gelada e se ainda tem aquele amendoim japonês no armário de casa.

Já as mulheres, conseguem fazer várias coisas ao mesmo tempo como assistir ao último capítulo de uma novela dando um conselho para seus filhos, enquanto atendem aquela amiga no celular e ainda preparam uma refeição.

Desde a época das cavernas, cabia ao homem a caça e pesca para prover o alimento para sua prole e talvez isso já fosse uma boa desculpa, desde aquela época, para poder passar um tempinho fora de casa, ou melhor, da caverna.

Hoje em dia, do mesmo jeito que era feito na era das cavernas, os homens ainda vão "pescar com os amigos" ou vão àquele "encontro de negócios", não é mesmo?

Já as mulheres, que cuidavam dos seus filhos, eram as guardiãs da sua cria, além disso buscavam frutas para complementar a alimentação, teciam as roupas, cuidavam da habitação e ainda por cima cuidavam das comemorações ritualísticas para homenagear seus maridos na chegada da caçada.

Elas ficavam atentas a qualquer mudança de comportamento dos seus filhos e das pessoas mais próximas, como movimentos bruscos, choro, gritos que poderiam representar fome, tristeza, dor e foram, com certeza, as primeiras terapeutas da humanidade.

Os homens, desde os tempos mais remotos, na maioria das vezes, ficavam ausentes e, com isso, não conseguiam perceber essas mudanças no comportamento.

Talvez seja por isso que os homens, historicamente falando, não sejam tão convincentes no que diz respeito às capacidades sensoriais, e a mulher, por sua vez, perceba com maior eficiência e empatia quais são as emoções contidas num simples gesto ou olhar de uma pessoa.

Como ficava dentro das cavernas e o seu papel principal era o de proteger a cria da invasão de pequenos animais, a mulher amplificou o desenvolvimento de sua visão periférica, ou seja, possui um campo de visão lateral maior do que o homem.

Já o homem, como responsável pela caça, desenvolveu uma visão mais focada e panorâmica, por isso consegue ter uma visão a longa distância, o que lhe permite o alcance de um campo visual maior.

Talvez isso explique também o porquê as mulheres conseguem localizar qualquer objeto dentro de sua bolsa com muita facilidade, mas ficam muitas vezes perdidas em espaços geográficos maiores, como quando estão dirigindo um automóvel e precisam chegar em um determinado local.

Já percebeu como uma mulher consegue escolher aquela sandália, entenda, exatamente aquela sandália que está no meio de trilhões e trilhões de sandálias em uma vitrine, depois de experimentar todas elas, colocar em seus pés e, realmente, ficar bem com aquele vestido, com aquelas joias que está usando?

A mulher foca mais na relação e o homem foca mais na tarefa: "foi bom para você? Ok, terminei, então vamos dormir!".

As mulheres são consideradas, na atualidade, os "melhores homens" para qualquer tipo de trabalho, pois têm uma capacidade ímpar para vender suas ideias e são extremamente apaixonadas por aquilo que acreditam, assim como defendem aqueles que amam com unhas e dentes.

A mulher consegue convencer outras mulheres a trabalharem unidas para uma causa voluntária, pois está muito acostumada a manter sua família unida.

É aquele jeitinho gostoso de saber convencer, com tato e carinho, de persuadir sem forçar, que faz a mulher conquistar cada vez mais o seu espaço no mundo dos negócios.

A mulher possui uma tendência natural para a comunicação eficaz, pois ela procura pensar empaticamente, procurando uma relação que funciona para todos, utilizando perguntas para propiciar um bom acordo entre as partes.

Neste ponto ela utiliza muito mais o tom de sua voz, a emoção e a empatia, enquanto o homem é menos falador, sendo mais focado, direto e objetivo nos resultados.

Além disso, o homem normalmente camufla suas emoções, preferindo não dividir aquilo que está sentindo e, consequentemente, tem uma forte tendência ao estresse.

O homem tende a processar melhor o lado racional, que é o lado esquerdo do cérebro, enquanto a mulher tende a equalizar os dois hemisférios.

Isso explica por que o homem é mais apto a solucionar problemas, sendo orientado fortemente para as tarefas e resultados, enquanto a mulher procura resolver um problema de forma mais criativa e, portanto, sendo mais orientada nos sentimentos que envolvem este problema.

Talvez isso possa explicar por que o homem prefere fugir ou lutar em situações de estresse profundo, enquanto a mulher prefere argumentar e conciliar.

É um padrão comportamental adquirido pelo lado maternal da mulher, pois como ela já foi cuidada por sua mãe, entende que também será a futura cuidadora de seus filhos e sempre procurará conciliar situações de conflito, pois seu único interesse é manter as relações fortalecidas.

A facilidade em expressar sentimentos propicia à mulher uma capacidade ímpar de se relacionar, se conectando com os outros.

E também, desse modo, seus pensamentos se conectam com outros pensamentos, fazendo com que ela possa fazer conexões com fatos aparentemente isolados entre si, mas que possuem uma certa ligação.

Por exemplo, desde a adolescência quando estão em grupos, os homens preferem estabelecer um comando hierárquico e, comumente, surge a figura de um líder que irá orientar os caminhos do grupo pela sua competência ou simplesmente por que é o mais forte de todos.

Já as mulheres trabalham como uma equipe, em que todas dividem suas tarefas e responsabilidades sem a necessidade de uma líder, utilizando-se da responsabilidade e inteligência coletiva.

As mulheres pensam e agem coletivamente, enquanto os homens estão mais preocupados em disputar o seu espaço, mostrando sua competência ou força para dominar os demais.

Neste livro vou procurar ser o mais imparcial que puder para contar a história, não aquela criada pelos homens que distorcem a essência feminina desde os tempos mais remotos da humanidade, mas sim a história da mulher que é, literalmente, um show na vida.

Este livro talvez não seja o melhor livro para os homens que buscam apenas compreender as mulheres, mas com certeza deveriam lê-lo para homenagear as mulheres de suas vidas, colocando-as no devido patamar do reconhecimento e da valorização, pois como já dizia Oscar Wilde: "as mulheres existem para que as amemos e não para que as compreendamos".

Quero revisar aquela frase que diz "atrás de todo grande homem existe uma grande mulher" para "ao lado de todo grande homem sempre existiu e sempre existirá uma grande mulher".

Este livro, portanto, é dedicado a você, mulher guerreira, que tem garras de leoa para lutar a batalha do dia a dia e asas de águia para alçar voos cada vez mais altos.

Então, peço licença para passarmos algumas horas juntos e espero poder corresponder a sua amizade e confiança.

Espero também que você possa aproveitar este tempo reservado à leitura deste livro para redescobrir algumas coisas importantes que você já sabia sobre si mesma e aproveitar para escrever algumas coisas novas a respeito da sua vida pessoal e profissional, afinal, mudanças são sempre bem-vindas, não é mesmo?

Enfim, linda, maravilhosa e poderosa: a mulher é um show!

Uma ótima leitura!

Edson De Paula

Você é única, uma maravilha divina!

Eu trabalho desde os 14 anos de idade e sempre tive o apoio da minha família, sendo que sou o filho mais velho dessa família e tenho mais dois irmãos, Márcia e Reginaldo.

Uma família simples e humilde, de classe média, mas alicerçada de muito amor e respeito, que foi constituída por meus pais Ednilson e Dirce.

Meu pai, professor durante toda sua vida, nos ensinou com muito pulso e honra os valores da educação, do trabalho e da família que carrego até hoje, devo muito a ele.

Já minha querida mãe, uma dona de casa dedicada e zelosa, sempre foi uma guerreira, uma mulher linda, maravilhosa e poderosa que cuidou de todos nós com muito carinho e amor.

Sua história de esforços começou bem cedo, já na infância, quando precisou interromper os estudos na quarta série primária, aos dez anos de idade, para ajudar meu avô em seu sítio na nossa cidade natal em Rio Claro, interior do estado de São Paulo.

Naquela época, as crianças costumavam trabalhar juntas com seus pais na lavoura, e com minha mãe não foi diferente.

Ela trabalhou muito, sol a sol com a enxada nas mãos. Precisou deixar os estudos que gostava muito para trabalhar, e isso a incomodou durante toda sua vida.

Sempre me recordo dela contando sobre este assunto com uma certa melancolia e angústia, pois ela desejava muito ter continuado a estudar. Ainda me recordo como ela me inspirou a estudar, essa paixão que sempre tive pelo conhecimento e aprendizado contínuo, com certeza, eu devo a ela.

Lembro-me que sempre dizia para mim que "as pessoas que estudam têm mais chances de serem bem-sucedidas na vida" e que ela não havia tido essa oportunidade.

E, hoje, eu entendo que muito daquilo que aprendi devo a ela, pois com simplicidade e força de vontade, nunca me desestimulou, sempre me apoiou nas lições de casa que eu trazia da escola.

Sentava comigo e com muita paciência tomava a tabuada, me ajudava a desenhar, a fazer as composições.

Minha infância foi marcada por uma série de situações complicadas na família por motivos de saúde.

Meus avós estavam sempre muito doentes e tínhamos de viajar quase todos os finais de semana para o interior, pois naquela época, na década de 1970, morávamos em Guarulhos e eles em Rio Claro.

Recordo-me de meus parentes todos reunidos, apesar do sofrimento e da doença, estavam sempre unidos. Costumávamos ficar na casa do meu avô, lá mais se parecia com uma chácara. Meu avô havia comprado esta casa com o dinheiro da venda daquele sítio que ele morava, até hoje não consigo entender como é que alguém que tinha um sítio que hoje vale uma fortuna, naquela época poderia se desfazer de tudo, fazendo um mau negócio e se mudando para a cidade.

Minha mãe costumava ficar com minhas tias preparando as refeições, e eu e meus primos – que eram muitos – brincávamos no pomar do meu avô.

Foi uma época estranha, ao mesmo tempo triste e feliz. Triste pelo sofrimento da família por causa da doença e de todo o deslocamento de tempo e recursos para cuidar dos meus avós, mas feliz por estarmos sempre juntos e, apesar de toda situação complicada, eu e meus primos sempre encontrávamos bons momentos para nos divertir.

No início da década de 1980, mais precisamente em fevereiro, nos mudamos para Limeira, pois meu pai que era um professor do SENAI conseguiu uma transferência para podermos ficar mais próximos da nossa família em Rio Claro.

Nem preciso dizer que, da infância para a minha juventude, minha mãe sempre foi o meu pilar de sustentação. Acredito que tenha sido não só para mim, mas para todos.

Era ela que nos despertava todos os dias de manhã para irmos trabalhar, me recordo dela dando corda no despertador, antes de dormir.

Aquele barulho "rec rec rec" ainda hoje me traz ótimas lembranças, tanto que eu tenho um despertador muito parecido com aquele que ela usava, que levo em todos os treinamentos que ministro.

Quando dou corda nele, automaticamente me lembro de minha mãe e isso me deixa muito motivado para poder repassar os conteúdos que aprendi para os participantes do treinamento.

É uma maneira que eu encontrei de homenagear minha mãe, acredito que quando repasso um conteúdo a alguém estou honrando com o acordo que fiz com minha mãe de sempre continuar estudando.

O despertador tocava todos os dias às 5h da manhã. Minha mãe se levantava, preparava o café da manhã e também a marmita, com todo o carinho. Isso mesmo, todos os dias acordava bem cedinho e com o todo o amor que uma mãe possui, preparava a minha refeição para eu poder levar ao meu trabalho.

Ela fazia assim de segunda a sexta e fez, no mínimo, uns cinco anos seguidos, sem sequer reclamar alguma vez. Mesmo quando estava doente, a rotina era sempre a mesma: varrer, lavar o chão, encerar o piso, fazer o almoço, lavar os pratos, enxugar, lavar as roupas, secar e passar cada uma delas, fazer o jantar, lavar os pratos, de vez em quando - e quando não dormia exaurida no sofá à noite - ela conseguia assistir uma novela ou outra, daí ia para a cama, pegava o despertador, dava corda, dormia, acordava e...

Sempre assim, sem queixar-se de nada.

E quando eu chegava em casa à noitinha, após um dia de trabalho, lá estava ela me esperando com o jantar pronto.

Todos já haviam jantado, mas fazia questão de me acompanhar, interrompia até o ato de assistir televisão para ficar comigo e perguntar como havia sido o meu dia de trabalho. Esquentava a comida e ficava ao meu lado, conversando comigo até que terminasse.

Ela nunca mediu esforços para nos ajudar, orientar e amar. Sempre foi e será uma mulher linda, maravilhosa e poderosa!

Aos 16 anos de idade me apaixonei profundamente por uma garota que se transformou na segunda mulher da minha vida, minha esposa Liliane. Mas isso, contarei adiante.

Quero pedir licença para contar, nas páginas seguintes, uma pequena metáfora, uma homenagem para você que também é uma mulher linda, maravilhosa e poderosa.

Uma coisa que sempre me intrigou são as comparações em prosa e verso da mulher com uma rosa. Por qual motivo uma mulher é comparada com uma rosa?

E para mim, principalmente, a mulher é como uma rosa e da cor vermelha. Será por que a rosa vermelha tem a cor do coração? Será?

A rosa vermelha: uma metáfora da essência feminina

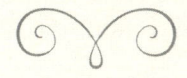

Certo dia, um pequeno broto de uma rosa foi plantado na mãe natureza. Mãe natureza, por que será que é mãe natureza? Uma pequena semente de vida era cuidada com todo carinho e amor pela terra. E como a mãe natureza é sábia, forneceu tudo aquilo que o brotinho de rosa precisava para ser fortalecido, o orvalho, o calor do sol.

Esse brotinho, um dia, depois de muito tempo sendo acolhido no ventre da mãe natureza, se esforçou para sair da terra que o alimentava, pois queria ser uma rosa linda, maravilhosa e poderosa. E rompendo a terra e querendo enxergar a luz do sol, a rosa brotou.

No início, era apenas um pequenino caule com algumas folhinhas que nem sequer conseguiam se sustentar em pé. Era a infância da rosa, e a mãe natureza continuou alimentando-a, protegendo-a.

Quanto mais essa pequenina rosa crescia, mais percebia que o mundo à sua volta não era feito apenas de beleza. Havia também o forte vento, as tempestades, a estiagem.

Então, precisou criar alguns espinhos para poder se defender das intempéries da vida, era o início da adolescência da rosa. Ela percebeu que precisava ser forte para poder continuar sobrevivendo, muitas vezes se rebelou contra a mãe natureza por não entender os princípios e as regras da vida. Não aceitava as tempestades, não entendia o porquê das secas, das ventanias.

Passou por todos esses desafios e, apesar dos desentendimentos e rebeldias, sua mãe natureza sempre a apoiou.

E num belo dia, já na sua fase adulta, a rosa madura desabrochou e mostrou ao mundo todo o seu encanto, a cor vermelha e intensa de suas pétalas era da cor da força do seu coração, beleza e sentimento numa única e divina criatura.

Durante muito tempo, essa rosa encantou o mundo com sua força e beleza. Uma rosa linda, maravilhosa e poderosa que encantou o mundo com sua essência feminina.

Mas o tempo passou, suas pétalas foram caindo e a rosa, pouco a pouco, foi murchando, secando, secando...

Quando tudo parecia que iria terminar, o milagre da vida acontece!

Essa mesma rosa que ia murchando, secando e morrendo aos poucos, ao deixar suas pétalas caírem na terra, iniciou um processo de adubar e alimentar uma nova rosa que nascia no ventre da mãe natureza. E essa é a beleza da vida, o ciclo contínuo da existência, a essência feminina que é prover o dom da vida.

Eu quero pedir para você que é uma mulher linda, maravilhosa e poderosa, para que agora, neste exato momento, dentro do seu íntimo, do seu pensamento, se imagine caminhando num lindo jardim florido.

Este jardim representa o mundo e todo o universo à sua volta.

Neste grande jardim, tudo é possível, desde que você acredite na sua força interior. É o grande jardim do mundo, o jardim de nossos esforços pessoais e profissionais, é a representação de toda sua vida.

O que importa agora é que você caminhe por ele e entenda que o mundo está aí, esperando e que é possível fazer toda a diferença na sua vida e das pessoas que tanto ama.

Imagine que este jardim é só seu. Enquanto você caminha por ele, pode ouvir o som do vento e sentir a maciez da grama sob seus pés.

O céu está muitíssimo claro e azul. Você vê inúmeras flores, das mais diversas cores. Agora está no centro deste imenso jardim e observa tudo o que está à sua volta.

E, de repente, você observa que em um lugar muito especial deste jardim existe uma rosa que lhe chama atenção.

Essa é uma rosa muito especial, caminhe até lá, ela está esperando por você neste exato momento.

Chegue próximo dela, estenda sua mão e ela irá se transformar em alguém muito especial que você conhece.

Quem é a rosa mais linda, maravilhosa e poderosa da sua vida?

Quem é a mulher da sua vida?

Quem é a mulher que representa para você toda a força e toda a beleza da essência feminina?

Neste exato momento, esta mulher está ao seu lado, no seu pensamento, peça a ela para estar sempre em sua companhia, orientando, apoiando, amando incondicionalmente.

Diga a ela que você a ama muito.

É possível que, neste momento, consiga visualizar inclusive o rosto dela, ela está sorrindo para você. Eu sei que essa mulher é alguém muito especial que fez ou ainda faz parte da sua vida, alguém pelo qual você sente um profundo amor e carinho.

Neste momento, olhe nos olhos dela e agradeça por tudo o que fez ou continua fazendo por você, essa mulher é a sua grande mestra.

Olhe diretamente nos olhos dela, por meio de sua mente e diga "muito obrigado!" por acreditar, por apoiá-la nos momentos mais difíceis pelos quais você passou e também por ter estado presente naqueles momentos de reconhecimento e merecimento, de imensa felicidade, brindando suas vitórias pessoais ou profissionais.

É um momento para você ser reconhecida e reconhecer. É um ato de dar e receber. Quero que você reserve alguns minutos apenas para responder, com toda sinceridade e com suas convicções, às seguintes perguntas:

A MULHER É UM SHOW!

"Como você tem lidado com as coisas que cercam a sua vida?";

"Por quais momentos é grata?";

"Quem você ama e quem ama você?";

"O que você pode fazer para ser uma rosa linda, maravilhosa e poderosa para as pessoas que ama em sua vida?".

Razão ou emoção?

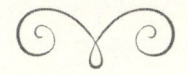

A mulher é mais racional ou emocional? Essa questão permeia nosso consciente coletivo desde a antiguidade. A possível desigualdade, essa eterna comparação entre os sexos opostos, sempre foi motivo de estudos de vários pesquisadores e cientistas comportamentais.

Na Idade Média, pensadores machistas argumentavam que mulheres estavam aptas, pura e simplesmente, aos afazeres domésticos e totalmente inadequadas para atuarem nas esferas políticas, científicas ou de negócios.

No início do século 20, Sigmund Freud, o pai da psicanálise, emendou que as mulheres eram, de um certo modo, menos desenvolvidas no conceito de justiça que os homens: "hesitamos em dizer, mas não podemos nos defender da ideia de que o nível daquilo que é moralmente normal na mulher é outro... Estes traços de caráter que todo o tempo foram criticados e censurados à mulher: o fato de demonstrarem um menor sentimento de justiça que o homem que ela se deixa mais frequentemente que ele guiar nas suas decisões através de seus sentimentos de ternura e de hostilidade...".

A maior parte dos filmes do cinema mudo daquela época mostrava frequentemente mulheres estereotipadas e sobrecarregadas de angústia, quase sempre desmaiadas nos braços de um homem que mostrava força e segurança.

Ainda hoje, tanto nas séries de TV ou no cinema moderno, podemos perceber resquícios daquela época em alguns filmes que ainda insistem em mostrar um papel estereotipado de mulheres irritadas ou excessivamente emocionais, enquanto os homens mostram-se aparentemente mais frios, seguros e calmos.

Enfim, várias teorias e estudos foram realizados, desde comparações de tamanho do cérebro, diferenças físicas, teorias sociais e biológicas, mas o fato é que, de acordo com a história da humanidade, estudos e pesquisas científicas, mulheres geralmente são caracterizadas como mais "emocionalmente intensas" que os homens, no que diz respeito à externalização das emoções positivas (alegria, euforia) e até negativas (medo, raiva, tristeza).

Do mesmo modo que uma mulher reage emocionalmente com intensidade em momentos de carinho, alegria ou prazer, ela também o faz quando experimenta culpa, mágoa, vergonha, raiva ou medo.

Em situações de perigo iminente ou assustadoramente imaginadas, como por exemplo, ficar em casa sozinha à noite, as mulheres também ficam mais atemorizadas.

Mulheres são, portanto, mais sensíveis e são comumente estereotipadas como mais emotivas que os homens.

Um artigo escrito no final da década de 90 pela American Psychological Association (Masculino, feminino: a evolução das diferenças sexuais humanas) afirmou que os meninos tendem a esconder, reprimir suas emoções e acabam normalmente expressando sua raiva por meio de violência, ao invés de agirem de forma construtiva.

Parece que são, desde cedo, obrigados a esconder suas emoções, desligando sentimentos como simpatia, empatia e outros que são importantes para um comportamento considerado sociável.

Alguns pais, inclusive, chegam a expressar verbalmente aos seus filhos, crenças absurdas como "homem não pode chorar" ou "mulher é assim mesmo: chora por qualquer coisa!".

O fato é que, muitas vezes, o ambiente ou contexto social também auxiliam as diferenças nos comportamentos dos homens e das mulheres.

Se observarmos as reações de mulheres em eventos sociais positivos, como um casamento ou, negativos, como um funeral, poderemos perceber que as mulheres realmente estarão demonstrando ser mais emotivas que os homens.

Na realidade, não podemos dizer que as mulheres são mais emotivas que os homens, mas podemos dizer que as "mulheres demonstram mais suas emoções que os homens".

Homens e mulheres, portanto, experimentam a mesma quantidade de emoção, mas as mulheres estão mais propensas a expressar suas emoções.

Alguns estudos científicos, inclusive, chegam a afirmar que as mulheres choram, aproximadamente, até quatro vezes mais que os homens, isso se deve aos diferentes formatos das glândulas lacrimais de homens e mulheres e também pela mulher ter mais hormônio prolactina que o homem.

A prolactina é um hormônio presente no sangue e nas lágrimas, tanto de homens como mulheres, porém prevalece no sexo feminino.

Como os canais lacrimais das mulheres têm um formato diferente dos canais dos homens, isso também pode colaborar para o efeito das mulheres chorarem mais.

Outro fator já apontado em estudos e pesquisas é que pessoas que possuem tendências depressivas choram até quatro vezes mais que pessoas normais e, por incrível que pareça, quase 75% dos casos de diagnósticos de depressão são constatados em mulheres.

Mulheres também costumam se preocupar mais que os homens e, por isso, podem ter também tendência ao estresse.

Essa diferença de reação emocional mais intensa nas mulheres pode ser explicada também por uma diferença funcional existente no cérebro de homens e mulheres.

A amígdala, que é um órgão do cérebro responsável pelo processamento de emoções como ansiedade ou medo, nos homens se comunica com órgãos que recebem e processam informações visuais, como o córtex visual. Já nas mulheres, a amígdala se comunica diretamente com outras partes do cérebro que são responsáveis por regular hormônios e digestão. Por isso, as mulheres sentem também mais sintomas físicos como náuseas, enjoos, palpitações, do que os homens quando em situações estressantes.

Na interpretação da linguagem não verbal e mesmo na identificação de microexpressões faciais, nas quais sou um especialista, geralmente podemos fazer as leituras com mais facilidade nas mulheres que nos homens. As mulheres são mais transparentes, mais espontâneas para expressarem suas emoções.

Homens, normalmente, conseguem "esconder o jogo" muito bem no que diz respeito à expressão de suas emoções, exceto quando estão com raiva ou com ciúmes. Os homens, como costumamos dizer em microexpressões faciais, conseguem fazer mais "cara de poker" ou "poker face", que é aquela expressão que os jogadores de poker utilizam para não demonstrar suas emoções e poderem, desta forma, blefar no jogo.

O incrível é que, apesar de as mulheres chorarem mais que os homens, elas também demonstram maior alegria de viver que os homens, principalmente no momento presente e nas situações cotidianas, como questões da casa e da família.

Os homens são como "micro-ondas", ou seja, do jeito que vem, vai, tendem a exteriorizar o estresse, reagindo muitas vezes de bate-pronto.

Já as mulheres, quase sempre são como uma "panela de pressão", vão guardando, guardando... E quando você menos espera, "bum"!

As mulheres são, portanto, mais sensíveis com as questões sociais ou de relacionamento e com, isso, acabam se envolvendo mais, inclusive com problemas que não lhes pertencem, muitas vezes adotando uma postura de defensoras de causas alheias. Com isso, só poderiam mesmo é ter uma maior predisposição à ansiedade e depressão.

As mulheres são também mais equipadas para não apenas detectar, mas também espelhar as emoções de outras pessoas e, com isso, acabam "experimentando" as emoções dos outros, demonstrando assim maior empatia que os homens.

É claro que os homens também conseguem detectar as emoções, mas ao invés de espelharem e experimentarem, preferem buscar uma solução e resolvem, portanto, não se envolverem emocionalmente e, com isso, são estereotipados como sendo "mais racionais que as mulheres". Portanto, a mulher é muito mais apoiadora e o homem mais analítico nas questões emocionais.

As mulheres também ouvem mais do que os homens, por isso apoiam mais. É o que chamamos de "ouvido amigo".

Na China, um dos conceitos que mostram a integração do masculino com o feminino é representada pelo símbolo taoísta do *"yin yang"*.

O redemoinho escuro dentro do círculo simboliza a passividade, o rendimento, é o "yin" feminino. Já o redemoinho branco simboliza a agressividade, a atividade, é o "yang" masculino.

Nenhum deles é subordinado ao outro, ambos se complementam. Interessante também aquele conceito absurdo do "mulheres vestem rosa" e "homens vestem azul".

Esse conceito de berçário, que busca dividir desde a infância homens e mulheres, mostra também algumas estereotipagens na maneira de interpretar possíveis diferenças entre os sexos.

Desde o berço, passando pela infância e chegando inclusive na fase da adolescência e algumas vezes na maturidade, equivocadamente, homens e mulheres são comumente estereotipados, colocados dentro de caixas padronizadas pelas crenças familiares ou sociais, pelos próprios pais, parentes e amigos.

A saber:

"Meninas choram menos no berçário... Olha que bonitinhas!" e "Meninos sempre berram no berço! Olha que gritaria! Olha só: vai explodir!".

"Meninas devem vestir roupinhas rosa... Olha como ficam mais delicadas!" e "Meninos devem vestir roupas azuis ou a camisa do time que o pai torce... Olha como ele já está chutando, hein! Vamos comprar uma chuteirinha para ele?".

"Meninas que são meninas brincam de bonequinha! Minha filha vai ter uma coleção de barbies para cuidar!" e "Meninos que são meninos brincam de carrinho, com bola e videogame! Como é mesmo o nome daquele videogame que o nosso vizinho comprou para o filho dele?".

"Meninas ficam adultas antes que os meninos! Olha só a Maria Teresa! Tem 12 anos e parece que já tem 18! Vamos dar de presente para ela uma caixa completa de maquiagem!" e "Esse moleque não cresce mesmo! Já está com 12 anos e ainda tem uma cabecinha de oito! Só pensa em ficar correndo que nem um bobo para lá e para cá! Será que os pais dele não percebem que ele precisa de um terapeuta?".

Nas páginas seguintes, vou mostrar para vocês algumas diferenças que são visíveis nos comportamentos de homens e mulheres, mas é importante que você saiba que essas diferenças são o reflexo direto de tudo o que você ouviu, interpretou e acabou aceitando daquilo que os outros falaram para você desde a sua infância, como os exemplos citados anteriormente.

Mulher X Homem: diferenças no comportamento

Certa vez assisti a um curta-metragem italiano do diretor Bruno Bozzetto intitulado *Femminile e Maschile* que mostra, de uma maneira divertida e descompromissada, as principais diferenças que são visíveis no comportamento cotidiano entre homens e mulheres.

Adotei este pequeno curta para apresentá-lo antes de minhas palestras comportamentais, pois é um filme divertido, interessante e totalmente despretensioso.

No filme, os homens são representados por um quadrado azul, enquanto as mulheres são representadas por um círculo cor-de-rosa.

Alguma semelhança com o que eu falei no capítulo passado sobre o azul e o rosa?

O som das vozes representadas é apenas uma onomatopeia de ruídos desconexos e que servem para ilustrar auditivamente a diferença entre os sexos. Enquanto o som das vozes masculinas é grotesco, rouco, forte, monótono e lento, o som das mulheres é mostrado como afinado, agudo, irritante e rápido.

Algumas situações apresentadas mostram que a arte realmente imita a vida, pois exibem algumas diferenças notáveis no comportamento entre os homens e as mulheres, como o hábito de assistir televisão, fazer compras e, até, a ida solidária ou em grupo ao toalete.

Nas minhas percepções e estudos de observação, pude avaliar e constatar alguns pontos muito interessantes nas diferenças comportamentais. É claro que isso não é uma regra, pois toda regra tem sua exceção, e também não é um senso geral ou unanimidade.

Peço, portanto, para você, mulher que é um show, entender que as comparações a seguir não podem ser consideradas como um rótulo que colocamos em uma garrafa ou embalagem, mas sim um parâmetro que norteia algumas diferenças que são visíveis e facilmente constatáveis quando observadas no dia a dia.

O que sugiro é que você leia e, no seu dia a dia, comece a observar essas pequenas atitudes e hábitos que, na maioria das vezes, são comuns para ilustrar as principais diferenças existentes entre os sexos.

O TERCEIRO TURNO

Quase todas as mulheres que possuem uma família ou não, ao retornarem de seus trabalhos, iniciam o seu "terceiro turno", ou seja, uma vez em casa procuram cumprir tarefas de limpeza e organização do ambiente, além de auxiliarem seus filhos com os estudos.

Na maioria das vezes ainda preparam o jantar, lavam as louças e, se sobrar tempo, até descansam.

Os homens quase sempre encerram sua jornada diária no exato momento em que saem do trabalho. Ou seja, querem apenas descansar. É muito comum aos homens serem desleixados e descuidados com os afazeres domésticos. Quando chegam em casa após um dia de trabalho, vão colocando seus pertences em qualquer lugar, sem nenhum critério. Outro exemplo comum é o fato de irem se desvestindo, deixando suas roupas muitas vezes no chão, pelos corredores.

"Onde estão meus documentos?".

"Você viu onde eu coloquei a chave do carro?".

"Você pagou a última parcela da TV a cabo? Estamos sem sinal!".

São perguntas comuns dos homens para as mulheres.

Sentam-se diante da TV, abrem uma latinha de cerveja e ficam resmungando sobre o seu cansativo e entediante dia de trabalho.

A SONECA

O homem quando assiste um programa de televisão, um filme, esquece que o mundo existe à sua volta, principalmente se estiver assistindo a uma partida de futebol.

Ele fica literalmente hipnotizado e conectado com a programação, só saindo nos intervalos para ir ao banheiro ou pegar uma outra latinha de cerveja ou uma porção de amendoins.

A mulher, mesmo quando está assistindo a uma novela da sua preferência, vai se desconectando, ficando entediada e, muitas vezes pelo cansaço, acaba dormindo no sofá.

Mas se estiver assistindo a um romance, ao invés de dormir irá se emocionar profundamente, chorando em cada cena dramática, fazendo conexões mentais com sua vida real.

Em contrapartida, o homem poderá até assistir este romance com ela, mas inevitavelmente irá dormir antes do término do filme e ainda irá reclamar do programa.

O TOALETE SOLIDÁRIO

Uma das coisas que mais me intrigam no comportamento feminino é o que chamo de "toalete solidário". Quando uma mulher está em um restaurante com suas amigas ou com um grupo de amigos e se levanta para ir ao toalete, parece que existe uma mola na cadeira das outras mulheres ou um sensor embutido no seu campo de visão que dispara automaticamente com a mensagem: "eu também preciso ir!". Elas parecem que se sentem conectadas para irem todas juntas ao toalete sendo que, na maioria das vezes, pelas informações que colhi, nem todas sentem a real necessidade fisiológica de fazer xixi.

É um momento para retocar a maquiagem, falar dos quilinhos indesejáveis que nem a mais rigorosa dieta consegue eliminar e, principalmente, fazer aquela "fofoquinha" dos assuntos que não podem ser falados na mesa com os demais convidados ou até tirar fotos no Instagram, fazendo pose diante do espelho ou dar aquela olhadinha no Facebook para ver se tem uma nova mensagem.

O "toalete solidário" já se tornou uma prática comum entre as mulheres, tanto que algumas, inclusive, quando não estão acompanhadas de outras mulheres ou estão apenas com seu parceiro em um restaurante, preferem segurar a vontade de fazer xixi ao utilizar o toalete do estabelecimento.

VIAJAR É PRECISO

O homem quando sai para viajar a negócios, assume total independência e acaba indo além das fronteiras previamente acordadas.

Seu senso de prospecção, aventura e desapego vai além dos limites quando se esquece completamente de retornar ligações ou mesmo ligar para seus entes queridos e dizer que está tudo bem.

A mulher não consegue se desconectar de sua casa, principalmente de sua família, fica mandando mensagens e sempre que possível faz uma ligação para saber se está tudo bem com tudo e com todos.

Se foi colocada a comida para seu bichinho de estimação, se a empregada foi trabalhar e fez a faxina direito, se está tudo bem com sua mãe, seu pai, seu irmão e também com aquela vizinha que estava com indisposição alimentar. Será que ela está melhor?

A mulher quase sempre fica conectada com tudo e com todos, enquanto o homem prefere se isolar no meio da multidão, transformando-se em uma cortina de fumaça totalmente invisível e solitária.

HORA DE ARRUMAR MALAS

Da mesma maneira, é muito parecido com o ato de sair de casa, a mulher ao preparar suas malas para uma viagem de férias irá, literalmente, querer levar toda a sua casa dentro de sua mala.

Enquanto o homem monta sua mala de qualquer jeito e corre o risco até de se esquecer de suas próprias cuecas, a mulher exageradamente vai enfiando tudo o que pode e até o que não pode em sua mala de viagem. É impressionante a quantidade de roupas que uma mulher leva consigo em uma viagem.

Um estudo realizado pela fabricante de roupas femininas F&F Clothing at Tesco com aproximadamente 2.000 mulheres inglesas constatou que uma mulher leva em média, 28 roupas diferentes para utilizar durante uma viagem com um período de sete dias.

Portanto, foi verificado que uma mulher muda de roupa, em média, cerca de quatro vezes por dia durante uma semana de viagem.

A mesma pesquisa constatou que, além de levar esta quantia de roupas, as mulheres ainda costumam comprar mais duas peças adicionais de roupas ou sapatos antes ou durante a viagem.

Uma mala ideal para a viagem da mulher, segundo esta mesma pesquisa, deverá conter além das roupas íntimas, uma média de quatro vestidos, seis tops, oito shorts ou saias, além de quatro calças, três biquínis, três pares de chinelos ou sandálias e quatro sapatos.

O dado estatístico mais impressionante desta pesquisa é que 80% das mulheres entrevistadas acabam não utilizando tudo o que levam em suas malas!

E você, mulher que é um show: como está montando sua mala para a viagem de férias?

Isso poderá fazer de suas férias um pesadelo, especialmente se você viajar de avião e só puder transportar uma certa quantia de bagagem.

Por isso eu pergunto: será que os homens estão certos e as mulheres estão exagerando na hora de fazerem suas malas? Ou é uma questão feminina mesmo?

A ideia, então, para você que é uma mulher que é um show, é verificar a real necessidade do uso de cada roupa versus o número de trocas que irá fazer ao longo do dia, ao invés de tentar colocar todo o conteúdo do seu guarda-roupa dentro da sua mala.

É muito importante para sua viagem, pensar em três fatores importantes que poderão afetar a maneira de como você monta a sua mala.

- **Função e finalidade:** que roupas devo levar? Quais são as roupas mais apropriadas para minhas atividades de férias? Como eu quero estar vestida diante das pessoas? Qual é a necessidade de ser influenciada pelos outros na maneira como eu me visto? Posso ser autêntica?

- **Conforto:** quais roupas serão confortáveis para o clima e o local que estou viajando?

- **Facilidade:** esta roupa é fácil de lavar e passar? Se precisar lavar e passar esta roupa durante minha viagem, terei condições de reutilizá-la novamente?

PREPARANDO-SE PARA O ENCONTRO

Enquanto o homem deixa para última hora para se preparar para um encontro e resolve tudo em cinco minutos, literalmente, entre o ato de tomar banho, passar um desodo-rante mixuruca e colocar as primeiras roupas que estiverem à disposição, a mulher se prepara durante horas e horas a fio e, mesmo assim, quase sempre se atrasa para um encontro ou se sente mal arrumada. O homem pode, no máximo, fi-car cuidando do seu carro, encerando, lustrando, enquanto a mulher irá se produzir toda, migrando de um salão para o outro, de um creme para o outro, de uma roupa para a outra.

A maratona pode começar logo de manhã se estenden-do por todo o dia, ida ao shopping, manicure, cabeleireiro, maquiadora, spa.

E no final do dia, o homem estará lá esperando você, a mulher que é um show!

Ao descer pelo elevador do apartamento, toda atrasada, mas impecável, percebe que ele já está lá faz um tempão, es-perando sentado no sofá do saguão. Ele, então, se levanta, olha com um olhar penetrante, mas ao perceber como você está toda produzida, irá ficar desconsertado com sua beleza estonteante e com toda certeza vai dizer "Nossa! Como você está linda!" e você linda, maravilhosa e poderosa responde para ele "Imagina! Foi tudo muito rápido, peguei o primeiro vestidinho que tinha no meu guarda-roupa!".

Não é assim?

DISCUSSÃO E SEDUÇÃO

Numa discussão sobre um ponto em conflito ou algo que está em desacordo mútuo, as mulheres preferem ficar "cercando" o assunto, ou seja, ficam enrolando e filosofando sobre a questão em si, enquanto os homens, na maioria das vezes, vão direto ao ponto, sendo até incisivos demais. E na arte da sedução, as mulheres também ficam "cercando" o ho-mem, inebriando-o, hipnotizando-o, enquanto o homem vai direto ao ponto.

INDO AO SHOPPING

O homem quando sai para as compras é muito direto e objetivo, entra dentro da loja, pega uma camisa, veste, se serviu, compra.

A mulher fica zanzando de loja em loja, vai provando as roupas e, em cada dez roupas provadas, acaba comprando uma.

Se entra num supermercado, mesmo com uma lista nas mãos, a mulher passa por um produto, observa, pega nas mãos, vira a embalagem de um lado para o outro e acaba devolvendo-o na prateleira.

Depois vai para um outro corredor, pega o que está na lista, anda mais um pouco, para e volta ao corredor anterior, pega aquele produto que havia visto anteriormente, vira a embalagem de um lado para o outro novamente, coloca-o na prateleira, anda mais um pouco, recua e acaba pegando o produto e colocando-o no carrinho de compras.

Esse zigue-zague todo mostra que a mulher está sempre observando novidades e é muito compulsiva na hora de comprar, quase sempre compra algo que acaba não utilizando ou consumindo.

As mulheres compram aquilo que querem, enquanto os homens compram aquilo que precisam.

Um homem vai comprar um plano de telefonia celular e se apegar aos critérios financeiros, enquanto a mulher está mais interessada no tipo e no modelo do celular que vem junto com o plano.

Para as mulheres, os detalhes é que fazem a diferença.

As relações de compra para os homens são mensuradas em termos de maior ou menor, mais rápido ou menos rápido, primeiro ou segundo.

Já as mulheres se preocupam com o que as outras mulheres estão usando, vestindo, sentindo e, principalmente, consumindo. Ou seja, "se esse vestido fica bem na minha amiga, também vai cair bem em mim!".

As mulheres são mais ligadas em promoções, descontos, tíquetes, vales e bônus. Elas sabem exatamente onde estão as boas oportunidades de compras. Não compram um produto apenas por ser bom, querem que atenda às suas necessidades e às necessidades da família.

Mulheres gostam de ser bem atendidas e criam vínculos com marcas e lojas que possuem bom atendimento, pois julgam a qualidade do relacionamento muito mais importante que a qualidade do produto.

Como elas gostam de conversar e fazer várias perguntas sobre o que estão comprando, gostam de ser atendidas por quem entende daquilo que vende e é seguro e confiante na eficácia do produto.

Isso mostra por que as mulheres levam mais tempo para tomar uma decisão de compra, elas precisam se sentir seguras e confiantes.

Uma pesquisa feita com 12.000 mulheres em 22 países e apresentada no livro *"Women want more"* dos consultores Michael Silverstein e Kate Sayre da Boston Consulting Group dos EUA, constatou que 70% das compras diretas e 60% das compras online são atribuídas às mulheres e que elas gastam 8,5 anos de sua vida no ato de comprar.

Neste mesmo livro, um dado estatístico importante revela que apenas 5% da felicidade feminina é atribuída ao ato de comprar.

Isso se deve ao fato de que as mulheres buscam no ato de comprar preencher uma insatisfação pelo fato de estarem extremamente sobrecarregadas no trabalho, além de terem dificuldades em gerenciar o seu tempo nos diversos papéis como esposa, mãe, sócia, profissional, amiga, colega, irmã e filha.

Hoje, as mulheres são responsáveis por uma fatia cada vez maior na renda familiar e, em alguns casos, ganham até mais que seus parceiros.

As mulheres lutam muito para tentar equilibrar sua vida pessoal com a profissional e, por isso, estressam-se mais que os homens.

Além de trabalharem durante o dia, ainda sustentam suas casas e cuidam das atividades domésticas. Se têm família, cuidam do parceiro, dos filhos e muitas vezes, até dos seus pais idosos e enfermos.

As mulheres sofrem muita pressão, pois depositam em si muitas expectativas e isso só aumenta o estresse. Trabalhar de oito a dez horas por dia, cuidar da casa, educar os filhos, alimentar uma família e, ainda por cima, ajudar a sustentar financeiramente um lar, são fatores que aumentam a pressão.

Elas privilegiam os valores humanos como o amor, a saúde, a honestidade e o bem-estar emocional. Não valorizam muito a riqueza e o poder, valorizam o caminho para a felicidade.

As mulheres querem se sentir livres para ficar satisfeitas com o que desejam ser, ter e fazer. Portanto, estão com poder aquisitivo maior, por que também trabalham mais. E ponto final!

Essas são algumas comparações comuns das principais diferenças existentes entre homens e mulheres. Você já havia percebido algumas delas? Qual? Enfim, o que seria do rosa se todos fossem azuis, não é mesmo?

No trabalho: as mulheres dão um show!

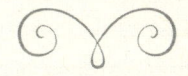

A maior parte dos desafios da mulher que é um show começam na própria infância. Por uma influência dos seus pais, as meninas podem ser influenciadas, erroneamente, a acreditar que elas são adequadas apenas para certas profissões e, na pior das hipóteses, que servem apenas para serem esposas ou mães.

Essa forma de exclusão se refletiu durante toda a vida da mulher, inclusive algumas profissões como engenharia, medicina e direito foram durante anos forçadas a serem caracterizadas para o universo masculino. Na infância escolar, atividades como esportes, matemática, ciências, eram encorajadas aos meninos, enquanto estudos sociais, artes e letras às meninas.

Algumas mensagens podem equivocadamente criar crenças limitantes de que "mulheres não podem pertencer às altas esferas de liderança no mundo corporativo", pois "devem servir mais do que liderar".

Mas, como *coach* de líderes, entendo que a liderança moderna resume-se essencialmente no ato de servir, portanto, na minha opinião, as mulheres estão totalmente aptas a liderar.

Os homens tendem a adotar um estilo mais agressivo de gestão e tomar suas decisões mais rapidamente.

As mulheres foram percebidas como mais cautelosas e, normalmente, passam mais tempo para avaliar as questões antes de chegar a uma decisão. Elas pensam mais também antes de abrirem um novo negócio, ou até para mudarem de emprego, isso sugere que as responsabilidades familiares têm um maior impacto sobre as mulheres do que nos homens.

Hoje precisam apenas conversar com suas mães ou avós para saberem o quanto o seu papel na sociedade mudou em menos de cinquenta anos, tanto economicamente, quanto social e politicamente.

Basta lembrarmos do "American Way of Life", o jeito americano de viver, em que se via nas décadas de 1950 e 1960 a imagem de uma esposa sorrindo, vestindo um avental impecável e fazendo o almoço juntamente com seus filhos em casa, esperando o marido chegar do trabalho.

Era a imagem de uma "dona de casa" perfeita.

Alguns filmes da década de 1960 retrataram muito bem este estereótipo feminino, como "A feiticeira" estrelado por Elizabeth Montgomery, no qual ela fazia o papel de uma feiticeira que era proibida pelo marido de usar sua feitiçaria para atividades como limpar a casa, fazer as refeições.

Muitas coisas mudaram e, hoje, esta imagem embaçada pelo tempo, da mulher que servia jantares deliciosos aos amigos do seu marido durante a noite e cuidava do lar durante o dia, mudou para a imagem daquela que tem uma carreira profissional em tempo integral e que experimenta a sensação de liberdade financeira.

Na atualidade, a mulher é uma parceira nas atividades profissionais e os homens dividem afazeres domésticos com suas esposas, cuidam mais dos filhos e até cozinham!

Mulheres, estatisticamente, são responsáveis por sustentar um terço das famílias no mundo moderno. Incentivam suas filhas também a iniciarem uma carreira profissional que possa lhes proporcionar segurança e independência.

Mas nem sempre foi assim, houve muita luta por direitos civis femininos, sempre existiram mulheres fortes com ideologias fortes.

A primeira manifestação que se tem registro na história data do início do século XX, quando milhares de operárias russas saíram pelas ruas protestando pela diminuição da jornada de 14 horas de trabalho e pela melhoria de seus salários, que eram até três vezes menores que os dos homens. Ainda hoje, as mulheres lutam pelos seus direitos tanto na vida pessoal quanto profissional.

As mulheres, em média, ainda ganham menos que os homens e são representadas em menor número nos altos escalões das lideranças corporativas, mas representam em números a maioria dos trabalhadores profissionais em muitos países do mundo.

Mulheres têm sido destacadas no mundo como Madre Teresa de Calcutá e Malala Yousafzai e por que não citar outras mulheres que também se tornaram ícones femininos como Mary Kay Ash, Lady Di, Marilyn Monroe, Coco Chanel, Margaret Thatcher, Madonna, J. K. Rowling, entre outras. E no Brasil, nossa primeira presidente eleita, Dilma Rousseff, assim como outras como Zilda Arns, Hebe Camargo, dentre tantas outras que ainda virão.

Você poderá conhecer um pouco mais sobre elas no apêndice final deste livro.

As mulheres estão cada vez mais dispostas e capacitadas a trabalhar fora de casa, o próprio mercado de produtos eletrodomésticos está criando soluções para que a mulher possa agilizar o seu tempo, quando na divisão da profissão com as tarefas do lar.

Não vai demorar muito para se criar um robô-dona-de-casa-faz-tudo. Eu compraria um e você?

Imagina você chegar em casa depois de um dia cansativo de trabalho, deitar-se no sofá e apertar o controle remoto para ligar sua "dona-de-casa-faz-tudo".

Automaticamente, ele irá lhe servir um drink enquanto espana a poeira dos móveis, lava suas louças e até faz uma massagem nas suas costas, que tal?

Este antigo estereótipo da mulher "dona de casa" tem mudado para "mulheres solteiras e bem-sucedidas" ou "mulheres casadas e sócias". E é neste contexto que eu quero apresentar a vocês, além da minha mãe, uma outra mulher que é um show na minha vida: minha esposa e sócia, Liliane Marrone. Eu fiquei devendo a você como foi que a conheci, não é?

Conhecemo-nos em uma comunidade de jovens católicos que frequentávamos na nossa juventude, logo quando eu e minha família nos mudamos de Guarulhos para Limeira no início dos anos 1980.

Meus pais tinham acabado de se mudar para Limeira, para ficarem mais próximos dos meus avós que moravam em Rio Claro, pois estavam muito doentes e precisavam de cuidados especiais de minha família.

Quando conheci Liliane, ela iria completar 15 anos e me convidou para sua festa de aniversário. Liliane era uma linda garota com uma presença muito marcante, além de ser loira e de olhos esverdeados, ela também era muito esforçada e estava estudando para ser professora.

Mas, minha alegria durou pouco, pois a mãe dela sugeriu que ela me desconvidasse desta festa, pois "como um jovem recém-chegado na cidade poderia ser convidado", era preciso que "se conhecesse mais antes de fazer um convite para alguém que não conhecemos!".

Estamos falando aqui do ano de 1981 e naquela época as coisas eram bem diferentes, o rock nacional estava nascendo e nomes como Blitz, Lulu Santos, Paralamas e Titãs ainda eram ilustres desconhecidos.

É preciso entender também que Liliane era filha única, portanto, seus pais tinham um excesso de zelo por ela. E assim foi, a Liliane me desconvidou da sua festa de 15 anos e nem precisa dizer como eu fiquei frustrado com isso. Eu não fui à festa, mas era uma questão de honra provar para ela e para a mãe dela que eu também era um bom rapaz de família, isso mexeu com o meu ego e você já deve imaginar que esse desconvite inflamou ainda mais o meu desejo de conquistá-la e, com a mãe dela gostando ou não, três meses após este episódio eu já estava namorando Liliane oficialmente.

Quero dizer também que sempre admirei Liliane por ser uma guerreira, pois assim como minha mãe, batalhou muito, e também vinha de uma família muito humilde e trabalhadora.

Por que eu estou contando tudo isso para você? Para que você entenda que eu tenho referências sobre a força da mulher e que eu sempre respeitei e incentivei esta força, admiro muito as mulheres que fizeram e fazem parte da minha vida.

Liliane se formou como professora e desde cedo batalhou muito, me recordo que o seu primeiro emprego foi em uma escola infantil da nossa igreja. Ela trabalhava como professora e eu como desenhista em uma empresa metalúrgica, na época ganhávamos muito pouco.

Quando tinha 19 anos e ela 17, resolvemos construir uma casa e durante três anos seguidos, juntamos nossas economias, que na época somavam a quantia exorbitante (!!!) de cinco salários mínimos.

Eu me recordo que nem sequer podíamos tomar um refrigerante ou comer uma pizza nos finais de semana, pois tudo o que ganhávamos colocávamos na construção da nossa casa.

Em 1988, com apenas 23 anos de idade me casei com Liliane, na época, com 21 e nossa casa estava pronta.

Os primeiros anos foram muito felizes, porém de sacrifício, pois ganhávamos pouco para poder sustentar um lar e manter uma família.

Eu sempre disse para a Liliane que nós havíamos sido muito corajosos para construir uma casa e até conseguirmos nos casar com aquilo que ganhávamos.

Na realidade, refletindo hoje sobre tudo isso, consigo perceber que éramos quase uns inconsequentes, com muita força de vontade, mas com pouquíssimo juízo. Mas você sabe que são os sonhos que nos movimentam, não é?

Naquela época, no início da nossa vida matrimonial, eu me recordo que levantávamos muito cedo, por volta das cinco da manhã para prepararmos o café.

A Liliane, com muito custo, conseguiu seu primeiro emprego oficial como professora, e foi em uma escola na zona rural, que ficava uns vinte quilômetros da cidade.

Todos os dias de manhã, saíamos juntos de casa e caminhávamos até um local, onde pegávamos ônibus diferentes.

A viagem que Liliane fazia todos os dias levava cerca de uma hora até parte do seu destino final, pois o ônibus parava na beira da estrada e ela precisava caminhar a pé por um trecho de terra, por aproximadamente trinta minutos até chegar na escola.

Muitas vezes, caminhava por aquela estradinha de terra no inverno ou no calor escaldante, em meio ao vento, chuva, lama e até doente com gripe, sem sequer reclamar uma única vez.

Nessa escola, além de ministrar aulas para as crianças, também fazia o papel de faxineira, merendeira, enfermeira e até de mãe, fazia tudo isso com muita paixão.

Tenho certeza absoluta de que ela se dedicava de corpo e alma para aquelas crianças, até hoje encontramos alguns de seus alunos que já são adultos e que falam entusiasticamente da querida professora que foi.

Quando Liliane chegava do trabalho no final do dia, com uma força extraordinária que eu não sabia de onde ela conseguia extrair, ainda conseguia limpar nossa casa, lavar e passar roupa, além de cuidar de mim, sempre com muito amor e dedicação.

À noitinha, já muito cansada, ela gostava de ficar abraçada comigo assistindo TV, aproveitávamos esse tempo para fazer planos para o nosso futuro.

Nessa época da minha vida, percebi que o trabalho não fornecia apenas o nosso sustento, mas também mantinha minha família unida, nos dando a força necessária para continuar vivendo naquela época de crise. Em meio à crise e em pleno Plano Collor, no ano de 1990 nasceu nosso primeiro filho, Edley e alguns anos depois, em 1994, nossa filha Edilayne, que são a soma dos nossos nomes, Edson e Liliane.

Escolhemos estes nomes na época em que estávamos construindo nossa casa, bem antes de nos casarmos.

Sempre juntos, eu e Liliane passamos por momentos de felicidade e tristeza, enfim, sobrevivemos juntos e aprendemos com nossas próprias dificuldades, com muito respeito e amor.

Fomos crescendo e estabelecendo nossas carreiras profissionais, sempre com muita dedicação e sacrifício.

Apesar do trabalho e da família, nossa opção pela continuidade dos estudos era um fator essencial para o nosso desenvolvimento e, como não pagávamos aluguel, investíamos na nossa formação intelectual.

Hoje, Liliane é minha sócia no nosso Instituto.

Ministramos treinamentos corporativos por todo o Brasil, ela é meu braço direito, meu braço esquerdo, meu coração, minha alma gêmea, não consigo me imaginar sem ela ao meu lado.

Ela me acompanha em todas as palestras e seminários que ministro, além de me auxiliar nos treinamentos e processos de *Coaching* individual e de equipes, em que já treinamos milhares de líderes.

Você poderá trombar conosco pelos aeroportos e verá que ela está sempre na minha frente, cuidando de todos os detalhes, correndo para cá e para lá, com muita energia, conversando com todos sempre com aquele sorriso no olhar, sua marca registrada.

Ela é uma "mulher multidisciplinar", consegue fazer tudo ao mesmo tempo agora, se conecta com facilidade com as pessoas e tarefas, é uma guerreira nata, sua missão é ajudar as pessoas a serem mais e melhores.

Quero, neste momento, aproveitar para agradecê-la por tudo o que realizamos juntos. Liliane é, com toda certeza, o show da minha vida.

Em setembro de 2013, completamos 25 anos de matrimônio e foi realizada uma missa para celebrarmos nossas bodas de prata.

Nossos filhos estiveram presentes, além da minha família e de nossos amigos mais próximos. Foi um momento marcante da minha vida.

Meu pai, que sempre cantou magnificamente bem, nos homenageou ao final da missa, cantando uma música.

A música era Serenata de Lúcio Alves, uma versão da Serenata de Franz Schubert. Eu me recordo de um trecho desta música tão linda.

"Passo o tempo a cantar,
Para glorificar,
Este amor que é tão grande,
Igual ao céu e o mar.
É tão sublime amar".

Carreira ou família? Eis a questão!

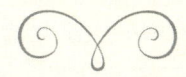

É notável que as mulheres que recebem um auxílio com as tarefas domésticas fora do horário de trabalho, seja pela contratação de ajudantes, dos próprios filhos ou até do marido, relatam um maior número de promoções do que as mulheres que arcam com a maior parte deste encargo adicional fora do trabalho.

Outro fator polêmico é o efeito da produção contra a reprodução que é, sem sombra de dúvidas, um dos maiores dilemas desta mulher moderna, pois permanece a questão de escolher entre uma carreira profissional ou a maternidade.

As mulheres solteiras hoje, no mundo profissional, ganham quase tanto quanto os homens, mas as mães que trabalham para cuidar dos filhos muitas vezes optam por trabalhos não tão bem remunerados, mas que tenham outros tipos de benefícios como jornadas reduzidas de trabalho, entre outros.

O custo da maternidade agora interfere diretamente na carreira profissional. Algumas mulheres acabam escolhendo atividades de meio período para poderem conciliar seu desejo de ser mãe com a manutenção da sua atividade profissional.

Sabemos que no mundo corporativo, as atividades mais bem remuneradas são aquelas que exigem mais dos seus profissionais no que diz respeito ao tempo e à competência, portanto maior remuneração é sinônimo de maior exigência e responsabilidade, e neste critério as mulheres são avaliadas exatamente como os homens.

Isso vem criando um efeito de rejeição à maternidade, pois cuidar de uma criança exige um alto investimento de tempo e recursos, principalmente com a educação.

Alguns países para amenizar este dilema e incentivar a maternidade, fornecem licença remunerada no trabalho para as mães, além de bonificação para cada filho nascido.

É certo que o mundo corporativo vem trabalhando para conciliar a mulher no mercado de trabalho com práticas que auxiliem a maternidade, mas o efeito "casa e trabalho" está cada vez mais na moda entre as mulheres.

Esta nova mulher já está saindo do ambiente corporativo para formar sua própria empresa e, deste modo, atender melhor suas necessidades de conciliar a vida profissional com a vida pessoal, sendo que o número de empresas criadas por mulheres vem aumentando progressivamente a cada ano.

E você, mulher que é um show, como anda se sentindo na sua atual função? Você acredita que está satisfeita ou insatisfeita com o seu atual trabalho, com sua carreira profissional? Como você tem feito para conciliar sua vida pessoal com a profissional?

Se essas perguntas aguçaram seus pensamentos, como *coach* quero auxiliá-la agora com o primeiro exercício de *Coaching* Aplicado para sua carreira profissional.

Por meio deste *coaching* aplicado você poderá identificar o seu estado atual, seja de satisfação ou insatisfação com seu atual emprego.

Também poderá rever sua carreira e até encontrar uma possibilidade de mudança, caso perceba que está insatisfeita.

Basta seguir o roteiro das perguntas, respondendo uma de cada vez, e ao respondê-las, refletir sobre todos os aspectos que possam auxiliá-la sobre manutenção ou mudança do atual cenário.

Se você é uma pessoa que tem facilidade para escrever, separe mais folhas em branco e não economize na escrita, quanto mais escrever, mais aprendizados são colhidos.

Preparada para nossa primeira sessão de *coaching*?

Então, responda às perguntas!

Coaching aplicado: CARREIRA PROFISSIONAL
Como você se sente com relação ao seu trabalho atual?
Você se sente realizada com sua atual carreira profissional? O que está faltando para você se sentir mais realizada?
Quando você pensa em você, quais são seus pontos fortes? Quais são suas melhores habilidades como profissional?
Que pontos você precisa melhorar? Que habilidades precisa desenvolver para ser uma profissional melhor?
Se pudesse mudar algo na sua vida profissional, o que mudaria?
Liste três objetivos que deseja conquistar na sua carreira profissional:
1. 2. 3.
Quais serão as ações que irão fazer com que você se aproxime desses três objetivos (O que irá fazer, como, onde, quando...)

Se neste momento da sua vida, você, mulher que é um show, tem buscado uma nova profissão, pois sente que está insatisfeita com a sua atual carreira profissional, ou seja, não se sente feliz com aquilo que escolheu para exercer profissionalmente como uma carreira na sua vida, este questionário irá auxiliá-la a explorar ainda mais suas futuras aspirações para definir seus próximos passos. Vamos lá:

1. O que você gostava de fazer quando era mais jovem (entre 7 e 15 anos de idade)?

2. O que motiva você? Qual destes aspectos você deseja incluir na sua nova carreira, coloque um "X":

Independência	Auxiliar pessoas	Novos desafios	Fazer a diferença	Diversão
Realização e propósito	Dinheiro	Assumir riscos	Ética	Trabalho em equipe
Aprendizados	Segurança	Status	Mudanças	Qualidade

3. O que seus amigos, ou pessoas que a conhecem, dizem a seu respeito? O que acreditam que você faz de melhor?

4. Como você pode usar essas habilidades na sua nova carreira?

5. O que você faz com facilidade? O que você faz com um certo grau de desafio?

6. Quais são os dez aspectos que você gosta em si mesma? Como podem ajudar você na sua nova carreira?

7. Qual é a maior conquista da sua vida até agora? Por quê? O que você aprendeu sobre si mesma com essa conquista?

8. Se você pudesse fazer uma enorme contribuição para a vida na terra, qual seria? Como isso poderia fazer parte do seu futuro? Da sua nova carreira?

9. O que a atraiu nos últimos empregos? O que você gostou? O que não gostou? O que você gostaria e o que você não gostaria de replicar em empregos futuros?

10. Qual é o ambiente de trabalho ideal para você? Quais são as melhores condições, horários etc? Marque um "X":

Tipo de ambiente			
Fechado	Ao ar livre	Industrial	Comercial

Horário			
Período integral	Meio período	Livre	Turno

Nos negócios: conciliando a casa e o trabalho

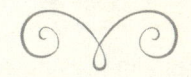

Diferente dos homens, as mulheres têm enfrentado durante anos alguns desafios e obstáculos no mercado de trabalho, mas apesar disso, estão sendo bem-sucedidas no mundo dos negócios.

Muitas mulheres têm lutado para encontrar formas melhores de equilibrar o seu trabalho com sua vida pessoal e muitas vezes, o estresse vem do próprio ambiente familiar, por pressões dos familiares, maridos, amigos e parentes. Algumas que são mães optam por abrir um negócio e conduzi-lo dentro do ambiente familiar, acreditando que isso gerará renda para suprir as necessidades da família e, ao mesmo tempo, ter mais tempo para trabalhar e ficar junto com seus filhos.

Mas, ao iniciarem este novo negócio, acabam se esquecendo de que novas empresas levam um certo tempo para produzir uma renda significativa e que, administrar um negócio exige muito sacrifício, atenção e dedicação. Desse modo, a família e os filhos vão sendo, aos poucos, colocados em segundo plano, podendo gerar até um sentimento de culpa na mulher empreendedora.

Então, deve seguir essas dicas úteis que quero dar para você ter um negócio e um lar feliz:

• Estabeleça horários e rotinas com seus filhos

Deixe claro para seus filhos os horários de seu trabalho, o ideal é que você tenha pausas a cada três horas e que possa ter nessas pausas uma pequena atividade com eles, como tomar um lanche, ajudá-los na lição de casa.

• Defina regras sobre a empresa e o lar

Seus filhos precisam estar cientes de que você agora está trabalhando em casa, portanto, é importante que você deixe claro para eles algumas mudanças como o hábito de atender o telefone, a maneira como devem se aproximar quando você estiver atendendo um cliente, como atender a campainha ou abrir a porta.

• Sempre que possível, inclua seus filhos

Existem alguns momentos em que você pode levar seus filhos junto com você e, com isso, incluí-los no entendimento do seu negócio.

Você pode levá-los quando for entregar um trabalho ou produto, fazer um serviço bancário, ir ao escritório de contabilidade para entregar algum documento e por que não aproveitar e tomar um lanche com eles na volta?

Um negócio em seu próprio lar pode dar-lhe o benefício do melhor de dois ambientes: o profissional e o pessoal.

Saber ser o seu próprio patrão é o maior desafio que terá nesta empreitada, portanto, como você reagiria sendo liderada por si mesma?

É muito importante que você fique atenta aos aspectos legais do seu trabalho em casa, configurando seu negócio, registrando sua empresa, fazendo toda a documentação necessária para adquirir o seu alvará de funcionamento.

É importante que você também notifique seus vizinhos para que saibam o que você está fazendo, até para que eles auxiliem possíveis clientes a encontrarem sua empresa.

Algumas empresas vão precisar de ainda mais espaço.

Por exemplo, se você é um profissional que necessita consultar clientes, você vai precisar de uma sala de consulta real separada do seu ambiente familiar.

Se o seu negócio envolve a criação de artes e ofícios, ou de fabricação, você vai precisar de um estúdio ou loja adequada.

Enfim, tenha consciência de que será necessário remodelar ou reformar sua casa para acomodar o seu plano de negócio.

Se você já é uma mulher de negócios ou pretende ter o seu próprio negócio algum dia, novamente como *coach* quero auxiliá-la com mais uma atividade de *Coaching* aplicado, agora focado para negócios.

Por meio deste *Coaching* aplicado, você poderá traçar um esboço inicial para ter o seu próprio negócio, que poderá ser na sua própria residência ou em um outro espaço.

Basta seguir o roteiro das perguntas a partir da próxima página, uma de cada vez, e ao fazê-las refletir sobre todos os aspectos que possam auxiliá-la na montagem do seu negócio. Procure detalhar o máximo que puder, seja criativa, garanto que valerá a pena.

Preparada para fazer bons negócios?

Então, mãos à obra!

Coaching aplicado: NEGÓCIOS
O que pode oferecer como um produto ou serviço e que tenha alguém disposto a comprar de você? Liste pelo menos três ideias:
1.
2.
3.
Qual destas três opções você acredita que tem o maior domínio para abrir um negócio próprio? Qual é a sua escolhida?
O que você precisa entender/saber sobre esse produto ou serviço para poder realizar a sua produção ou execução?
Quais são os fatores que podem impedir você de abrir esse novo negócio? Quais as desvantagens?
Quais são os fatores que poderão auxiliar você? Quais são as vantagens?
O que você precisa ser, ter e fazer para abrir seu negócio:
SER: TER: FAZER:

Agora que você já decidiu sobre qual é o negócio que deseja abrir, vou auxiliá-la a esboçar o seu primeiro PLANO DE NEGÓCIOS, por meio do processo de *Business Coaching*.

Aproveite o seu tempo e não economize nas ideias, eu desejo a você muito sucesso no seu novo empreendimento.

Mãos à obra!

DEFININDO SEU LOCAL DE TRABALHO:

1. Onde você montará o seu próprio negócio? O seu local é estratégico? Tem necessidade de ser com portas abertas? O local é seu? Quanto você irá pagar de aluguel? Precisa de reformas? O espaço é adequado para o seu negócio? Quantas pessoas irão trabalhar com você? Você tem consciência das leis municipais, estaduais e federais?

DEFININDO SEUS PARCEIROS DE NEGÓCIOS:

2. Você sabe quem serão seus fornecedores? Tem algum escritório contábil que possa cuidar da sua contabilidade? Quem irá cuidar das suas documentações, alvarás, boletos? Quem irá cuidar da abertura da sua empresa? Você precisa terceirizar algum serviço? Qual?

DEFININDO SUA MARCA:

3. Pense em uma marca que você considera forte, com um impacto visual. Como será a sua marca? Será o seu próprio nome ou você criará a marca da sua empresa? Qual será a cor desta marca? Você usará um símbolo, um logotipo? Como será este símbolo?

DEFININDO SEU VALOR (PREÇO):

4. Com relação aos seus concorrentes: qual é o preço do produto ou serviço deles? Com relação ao mercado: quanto o mercado está acostumado a pagar por esse produto ou serviço? Quais serão os seus diferenciais competitivos? Quanto você irá cobrar pelo seu produto ou serviço? Quanto você acredita que o seu produto ou serviço vale o quanto está cobrando?

DEFININDO SEU PÚBLICO-ALVO (TARGET):

5. Quem são as pessoas que você pode oferecer seu produto ou serviço? Onde estão estas pessoas? Como é que você

vai fazer para chegar até elas? Qual é o poder aquisitivo delas? Quanto você acredita que elas ganham mensalmente? Elas têm condições de pagar pelo seu produto ou serviço?

DEFININDO SUA COMUNICAÇÃO:

6. Como você vai mostrar para o seu público-alvo que você existe? Qual será a sua mensagem de marketing?

6.1 Liste aqui pelo menos três atividades de divulgação:

DEFININDO SUA ESTRATÉGIA DE VENDAS:

7. Como você vai vender esse produto? Irá vender diretamente ou por meio de distribuidores? Quantos vendedores serão necessários? Qual será sua estratégia de comissionamento? E promoções?

E, finalmente, quem serão seus primeiros três clientes? Desejo a você, mulher que é um show, SUCESSO!

O dia a dia da mulher que é um show!

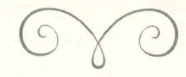

Como mulher você deve saber que o equilíbrio é saber cuidar do seu corpo e também da sua mente, pois o próprio ato de viver é um esforço físico e mental.

Como diz a expressão latina "mens sana in corpore sano", ou "mente saudável em corpo saudável", a busca pelo equilíbrio perfeito é equalizar sua mente e o seu corpo.

Cuidar da sua saúde é equilibrar, portanto, todos os aspectos da sua vida, lembrando que saúde é, segundo a OMS (Organização Mundial da Saúde), "um estado de completo bem-estar físico, mental e social, e não apenas a ausência de doenças".

Então, escolher cuidar do seu corpo e da sua mente é um fator importante e fundamental para você se tornar a mulher mais feliz que você pode ser.

Se sua energia física, que alinha o seu BEM-ESTAR, não estiver em boa forma, então sua energia mental, que possibilita o seu FOCO, sua energia emocional, que equilibra seu SENTI-MENTO, e sua energia espiritual, que alinha o seu PROPÓSITO, serão afetadas negativamente.

Estudos realizados em pessoas que estavam clinicamente deprimidas demonstraram que exercícios físicos realizados regularmente aumentam significativamente os índices de sensação de felicidade e bem-estar em curto prazo.

E, após a manutenção desses exercícios por um período aproximado de seis meses, a propensão para uma recaída na depressão diminui drasticamente, aumentando ainda mais o senso de autorrealização e autoestima.

REFLITA COMIGO:
Quanto você se sente satisfeita com o seu dia a dia?
Como é que você tem cuidado das diversas áreas
que compõem sua vida?

Vou auxiliar você a refletir sobre os oito principais pontos de equilíbrio que orientam sua vida, cada um deles têm sua importância para o melhor alcance dos seus resultados pessoais e profissionais.

Peço a você, mulher que é um show, que faça uma avaliação correta de cada um destes pontos de equilíbrio e que, ao final, possa estabelecer uma rota de ação com pequenas tarefas para mudar significativamente o resultado que está buscando na sua vida.

Os oito pontos de equilíbrio da vida

Os oito principais pontos de equilíbrio da vida são:

1. Físico
2. Mental
3. Profissional
4. Financeiro
5. Familiar
6. Relacional
7. Emocional
8. Espiritual

A seguir, farei uma apresentação com algumas perguntas baseadas em *Life Coaching* (*coaching* para vida pessoal e profissional) para auxiliar você a interpretar corretamente cada uma delas e o quanto o ato de equilibrá-las poderá impactar positivamente em seus objetivos futuros.

Para isso, eu vou pedir que você dê uma nota de zero a dez para sua satisfação em cada uma dessas áreas, sendo que zero = totalmente insatisfeita, e dez = totalmente satisfeita.

Esta pontuação representa, portanto, em uma escala de zero a dez, o quanto você se sente realizada ou satisfeita com cada uma das áreas da sua vida e, a partir dessa avaliação, o quanto precisará se dedicar para melhorá-las.

Aproveite para fazer uma reflexão sobre como anda sua vida e perceba como está lidando com ela.

Espero que você aproveite mais este exercício de *coaching* aplicado, deixe reservado ao seu lado um caderno para fazer seus apontamentos, anotando ações que deverá realizar para melhorar cada um dos pontos de equilíbrio da sua vida.

Então, vamos lá!

Pontos de equilíbrio da vida:
1. Físico

A mulher que é um show tem consciência de que deve cuidar muito bem do seu corpo, deve sempre procurar obter um bom condicionamento físico, com exercícios corretos que não forcem sua estrutura corporal, além de uma alimentação balanceada, beber água em abundância e, principalmente, dormir bem, no mínimo de seis a oito horas por dia.

Usar protetor solar e cremes para cuidar da sua pele, mantendo sua beleza em dia, aumentarão sua autoestima.

Periodicamente, deverá também procurar um ginecologista de sua confiança para acompanhá-la, fazendo um *check-up* regular para analisar como anda sua saúde.

Além disso, saber cuidar de sua higiene corporal e íntima, fazer regularmente os exames de rotina para acompanhar possíveis desvios da sua saúde que, estatisticamente, são mais propensos às mulheres como o câncer de mama, entre outros.

Portanto, é de extrema importância, especialmente à medida que envelhecem, que as mulheres tomem certas medidas com o intuito de preservar sua boa saúde física.

Na tabela a seguir, dê uma nota de zero a dez para cada uma das atividades relacionadas e depois tire a média para saber qual é a sua avaliação do ponto de equilíbrio físico.

1. PONTO DE EQUILÍBRIO FÍSICO	
Atividades:	Nota:
1. Sua alimentação é saudável e balanceada?	
2. Seu peso está adequado para sua altura?	
3. Você faz exercícios físicos regularmente?	
4. Você pratica algum esporte?	
5. Você toma água? (Média 2 litros por dia = 8 copos)	
6. Você dorme bem? (Média 6 a 8 horas por dia)	
7. Você tem feito um *check-up* médico regularmente?	
8. Você tem feito exames de rotina?	
9. Possui moderação para beber ou fumar?	
10. Você cuida da sua pele, higiene corporal e sexual?	
SOMA TOTAL	
Soma total dividida por 10 MÉDIA	

O que você pode fazer a partir de hoje para melhorar sua nota no seu ponto de equilíbrio físico?

Liste, pelo menos, três tarefas ou ações que irá cumprir:

1. _____

2. _____

3. _____

Pontos de equilíbrio da vida:
2. Mental

Você acredita que possui hoje a maior parte dos conhecimentos desejados para exercer com excelência a sua profissão? Você tem procurado estudar algo novo todos os dias? Tem mantido sua mente viva, aberta e operante para novos aprendizados, perspectivas e mudanças?

Então, você realmente é uma mulher que é um show!

Cuidar do seu ponto de equilíbrio mental é manter-se em constante atualização, é manter-se conectada com as novidades, estar por dentro do mundo que vive.

Mulheres que são um show estão sempre antenadas, buscam experimentar coisas novas e, com isso, mantêm suas mentes em constante atividade.

A própria curiosidade aguçada das mulheres auxilia para que desenvolvam o interesse por novos aprendizados.

Desfrutar o melhor de sua saúde mental significa ter uma sensação de bem-estar, sendo capaz de ter um sentimento de confiança para aceitar os desafios quando surgir uma oportunidade.

Na tabela a seguir, dê uma nota de zero a dez para cada uma das atividades relacionadas e depois tire a média para saber qual é a sua avaliação do ponto de equilíbrio mental.

2. PONTO DE EQUILÍBRIO MENTAL	
Atividades:	Nota:
1. Você busca se atualizar constantemente?	
2. Você tem o hábito de ler bons livros, artigos?	
3. Você participa de cursos, treinamentos, seminários?	
4. Você gosta de experiências novas, mudanças?	
5. Gosta de aprender coisas novas?	
6. Gosta de compartilhar aquilo que aprende?	
7. Você se autodesafia? Busca ser mais e melhor?	
8. Resolve charadas, exercícios de raciocínio?	
9. Estuda outros idiomas?	
10. Você viaja com frequência? Tem novas conexões?	
SOMA TOTAL	
Soma total dividida por 10 MÉDIA	

O que você pode fazer a partir de hoje para melhorar sua nota no seu ponto de equilíbrio mental?

Liste, pelo menos, três tarefas ou ações que irá cumprir:

1. ————————————————————————

2. ————————————————————————

3. ————————————————————————

Pontos de equilíbrio da vida:
3. Profissional

Você saberia dizer agora quais são suas melhores habilidades como profissional? O quanto você valoriza sua profissão? Se você fosse sua própria líder, estaria satisfeita com o seu desempenho?

A mulher que é um show busca, profissionalmente, saber o máximo que pode sobre sua carreira. Ela assume tarefas e responsabilidades, pois compreende que quanto mais especializada for em sua profissão, mais eficaz será o seu trabalho e mais atrativa será para seus potenciais empregadores.

A mulher que é um show trabalha arduamente para atingir seus sonhos. Por isso, arregaça as mangas e parte para a luta, assim como faz como quando está apaixonada por alguém ou pelos seus filhos.

A paixão move a mulher, mulheres apaixonadas se comprometem com aquilo que acreditam e acabam inspirando outras mulheres a seguirem seus ideais profissionais.

Na tabela a seguir, dê uma nota de zero a dez para cada uma das atividades relacionadas e depois tire a média para saber qual é a sua avaliação do ponto de equilíbrio profissional.

3. PONTO DE EQUILÍBRIO PROFISSIONAL	
Atividades:	Nota:
1. Você busca se atualizar profissionalmente?	
2. Você assume suas responsabilidades no trabalho?	
3. Participa de treinamentos profissionalizantes?	
4. Aceita mudanças no seu ambiente de trabalho?	
5. Você tem proatividade?	
6. Você é competente na sua área profissional?	
7. Você se autodesafia? Busca ser mais e melhor?	
8. Você respeita a hierarquia e as normas?	
9. Se coloca à disposição para novos desafios?	
10. Você se valoriza? Valoriza sua profissão?	
SOMA TOTAL	
Soma total dividida por 10 MÉDIA	

O que você pode fazer a partir de hoje para melhorar sua nota no seu ponto de equilíbrio profissional?

Liste, pelo menos, três tarefas ou ações que irá cumprir:

1. _____
2. _____
3. _____

Pontos de equilíbrio da vida:
4. Financeiro

Mulheres parecem ter um prazer pelo hábito de comprar sapatos e bolsas, além de outras coisas, não é?

O problema não é comprar, mas como e quando comprar, ou seja, entender a diferença entre desejo e necessidade. Você sabe economizar? É importante entender o hábito de economizar, uma maneira prática e simples para você, mulher que é um show, controlar suas economias e o que eu sempre indico aos meus clientes é a regra do "50-30-20" que consiste:

- Use até 50% dos seus rendimentos para seus gastos básicos e fixos como alimentação, água, luz etc;
- Utilize 30% dos seus rendimentos para investir em si mesma em atividades de educação, saúde ou lazer e;
- 20% em investimentos de médio e longo prazo.

Outra dica importante com o hábito de comprar é usar seu dinheiro em vez de cheques ou cartões de crédito.

Ao usarmos dinheiro, manuseando-o, sentindo-o sair dos nossos bolsos, estaremos mais atentos para a necessidade real da compra e também ao ato de economizar.

Na tabela abaixo, dê uma nota de zero a dez para cada uma das atividades relacionadas e depois tire a média para saber qual é a sua avaliação do ponto de equilíbrio financeiro.

4. PONTO DE EQUILÍBRIO FINANCEIRO	
Atividades:	Nota:
1. Você sabe o momento certo de comprar algo?	
2. Você chega ao final do mês com sua conta positiva?	
3. Você sabe economizar?	
4. Você valoriza o seu dinheiro?	
5. Tem o hábito de investir a curto ou médio prazo?	
6. Faz planejamento de suas despesas mensais?	
7. Você se programa antes de comprar algo?	
8. Você evita comprar com parcelamentos e juros?	
9. Você sabe exatamente quais são os seus gastos?	
10. Busca se informar sobre o mercado financeiro?	
SOMA TOTAL	
Soma total dividida por 10 MÉDIA	

O que você pode fazer a partir de hoje para melhorar sua nota no seu ponto de equilíbrio financeiro?

Liste, pelo menos, três tarefas ou ações que irá cumprir:

1. _____

2. _____

3. _____

Pontos de equilíbrio da vida:
5. Familiar

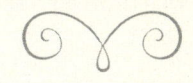

A mulher que é um show sabe manter uma relação amorosa, saudável e feliz com sua família.

Para isso, organiza seu tempo para abrir um espaço e se divertir junto com sua família, como viajar, jogar passatempos, organizar eventos familiares e festas surpresa, fazer caminhadas, ir ao *shopping*, assistir a um filme e até cozinhar em família.

Ela também sabe cuidar da sua família, escolhendo hábitos saudáveis como evitar o *fast food* (lanches, pizzas...) e inserir na rotina alimentar o hábito de fazer pelo menos uma refeição diária junto com as pessoas que ama.

Sentar para refeições regulares em família é uma ótima maneira de se conectar com o outro e oferece uma oportunidade de incluir hábitos alimentares adequados em seus filhos, além de ensiná-los a explorar novos alimentos, você ainda tem aquele bate-papo para colocar as informações em dia.

A mulher que é um show também sabe como é importante manter um relacionamento harmonioso com seus pais e seus parentes, enfim, todos que fazem parte dessa grande família.

Na tabela a seguir, dê uma nota de zero a dez para cada uma das atividades relacionadas e depois tire a média para saber qual é a sua avaliação do ponto de equilíbrio familiar.

5. PONTO DE EQUILÍBRIO FAMILIAR	
Atividades:	Nota:
1. Você valoriza sua família?	
2. Participa de festas, eventos familiares?	
3. Mantém um bom relacionamento com sua família?	
4. Você se sente reconhecida pela sua família?	
5. Você sabe agradecer sua família?	
6. Visita com frequência sua família?	
7. Comunica-se com frequência com sua família?	
8. Organiza seu tempo para ficar com sua família?	
9. Gosta de ficar conversando com pessoas da família?	
10. Defende os princípios da sua família?	
SOMA TOTAL	
Soma total dividida por 10 MÉDIA	

O que você pode fazer a partir de hoje para melhorar sua nota no seu ponto de equilíbrio familiar?

Liste, pelo menos, três tarefas ou ações que irá cumprir:

1. _____

2. _____

3. _____

Pontos de equilíbrio da vida:
6. Relacional

É muito importante para a mulher que é um show relacionar-se afetivamente, tanto social quanto amorosamente. Para ser uma mulher relacional é preciso ter empatia que é a arte de saber lidar, compreender e entrar no mundo do outro e também, estar aberta para o relacionamento.

Quando compreendemos as outras pessoas, nos relacionamos melhor e conquistamos mais amizades e até relacionamentos amorosos duradouros. Muitas vezes, hábitos simples como cumprimentar alguém, dizer um "bom dia" com um sorriso no rosto já auxiliará você a se aproximar das pessoas e ter um contato presencial marcante.

As pessoas têm ficado muito virtuais, se conectando e se relacionando virtualmente, e depois pagam o preço quando esta "relação virtual" vem para o mundo real, pois "nem todo sapo é um príncipe", concorda?

A mulher que é um show envolve e se conecta presencialmente e, com isso, valoriza a participação das pessoas em sua vida, se abrindo para novas conexões afetivas e amorosas.

Ela sabe apoiar e também pedir auxílio quando necessário e, assim, vai aumentando o seu rol de amizades e *networking*, criando oportunidades para a conquista de novos relacionamentos afetivos, até encontrar alguém que preencha o seu coração.

Na tabela abaixo, dê uma nota de zero a dez para cada uma das atividades relacionadas e depois tire a média para saber qual é a sua avaliação do ponto de equilíbrio relacional:

6. PONTO DE EQUILÍBRIO RELACIONAL	
Atividades:	Nota:
1. Mantém contato presencial com seus amigos(as)?	
2. Dedica tempo aos seus relacionamentos?	
3. Participa de eventos, festas e confraternizações?	
4. Você é relacional e comunicativa?	
5. Gosta de conhecer pessoas novas?	
6. Você é atenciosa e carinhosa?	
7. Sabe dar e receber presentes?	
8. Equilibra o ato de dar e receber no relacionamento?	
9. Você sabe elogiar e ser elogiada?	
10. Você sabe amar e ser amada?	
SOMA TOTAL	
Soma total dividida por 10 MÉDIA	

O que você pode fazer a partir de hoje para melhorar sua nota no seu ponto de equilíbrio relacional?

Liste, pelo menos, 3 tarefas ou ações que irá cumprir:

1. _____
2. _____
3. _____

Pontos de equilíbrio da vida:
7. Emocional

Mulheres que são emocionalmente saudáveis controlam seus comportamentos e são capazes de lidar melhor com os desafios da vida, construir laços fortes de relacionamentos e se recuperar com facilidade dos contratempos.

O equilíbrio emocional aumenta o humor, constrói a resiliência e melhora a apreciação pela vida.

Uma dica importante para você fortalecer sua saúde emocional é ficar atenta às suas próprias necessidades e sentimentos, evite que ansiedade e emoções negativas se acumulem, peça ajuda ou busque sair da rotina, incluindo exercícios que possam liberá-la destes sentimentos, como:

- **Ser útil para alguém:** faça algo de bom para alguém e será valorizada pelo que fez, aumentando sua autoestima.

- **Aumentar sua autodisciplina:** corrija seus pensamentos negativos automaticamente com frases positivas como "Eu posso!", "Eu consigo!", "Eu mereço!".

- **Descobrir novas possibilidades:** quebre a rotina, faça algo diferente do seu padrão como viajar para um lugar novo, fazer novas conexões com pessoas diferentes, entre outros.

Na tabela abaixo, dê uma nota de zero a dez para cada uma das atividades relacionadas e depois tire a média para saber qual é a sua avaliação do ponto de equilíbrio emocional.

7. PONTO DE EQUILÍBRIO EMOCIONAL	
Atividades:	Nota:
1. Você busca harmonia nas áreas da sua vida?	
2. Sabe controlar sua ansiedade?	
3. Você é uma pessoa feliz?	
4. Resolve conflitos buscando o consenso?	
5. Dificilmente fica desesperada?	
6. Sabe ouvir e falar no momento certo?	
7. Consegue ficar calma em situações desagradáveis?	
8. Analisa os fatos antes de agir?	
9. Você pensa para falar o que está sentindo?	
10. Dorme com tranquilidade?	
SOMA TOTAL	
Soma total dividida por 10 MÉDIA	

Liste, pelo menos, três tarefas ou ações que irá cumprir:

O que você pode fazer a partir de hoje para melhorar sua nota no seu ponto de equilíbrio emocional?

1. _____
2. _____
3. _____

Pontos de equilíbrio da vida:
8. Espiritual

Uma vida espiritual desequilibrada propicia desarmonia nos outros pontos de equilíbrio, pois assim como sua saúde depende de hábitos alimentares equilibrados, suas atividades espirituais também necessitam de equilíbrio para promover harmonia geral em todas as áreas da sua vida.

Manter seu corpo, sua mente e, principalmente, seu "eu espiritual" em constante aperfeiçoamento é um dos caminhos para se alcançar o equilíbrio perfeito nesta existência.

Práticas como meditação e oração auxiliam a sua conexão com a sua espiritualidade, engajando-a em um processo permanente de aprimoramento, pois somos seres imperfeitos.

A mulher que é um show reconhece a importância de se sentir fortalecida para reforçar de forma consistente todas as conexões de sua vida.

Espiritualizar-se é conectar-se com o todo, saber que você não está sozinha neste universo.

Assim como o amor, a espiritualidade é uma força interior, uma chama que move o seu corpo e sua mente.

Como é que você anda lidando com sua espiritualidade?

Na tabela a seguir, dê uma nota de zero a dez para cada uma das atividades relacionadas e depois tire a média para saber qual é a sua avaliação do ponto de equilíbrio espiritual.

8. PONTO DE EQUILÍBRIO ESPIRITUAL	
Atividades:	Nota:
1. Você acredita em um ser superior?	
2. Você costuma meditar e refletir sobre a vida?	
3. Participa de alguma comunidade religiosa?	
4. Sabe dar e receber?	
5. Você sabe perdoar?	
6. Você é grata pela vida?	
7. Você reza com frequência?	
8. Você respeita as outras crenças?	
9. Você sente paz?	
10. Você promove a paz?	
SOMA TOTAL	
Soma total dividida por 10 MÉDIA	

O que você pode fazer a partir de hoje para melhorar sua nota no seu ponto de equilíbrio espiritual?

Liste, pelo menos, três tarefas ou ações que irá cumprir:

1. _____

2. _____

3. _____

GRÁFICO DO EQUILÍBRIO DA VIDA
Estado Atual dos OITO PONTOS DE EQUILÍBRIO

Agora que você já fez uma autoavaliação dos seus oito pontos de equilíbrio, repasse as notas das suas médias para visualizar como ficou o seu GRÁFICO DE EQUILÍBRIO DA VIDA e responda as questões abaixo:

GRÁFICO DO EQUILÍBRIO DA VIDA										
Pontos de Equilíbrio	Pontuações de 1 a 10									
	1	2	3	4	5	6	7	8	9	10
1. Físico										
2. Mental										
3. Profissional										
4. Financeiro										
5. Familiar										
6. Relacional										
7. Emocional										
8. Espiritual										

Quais são os pontos de equilíbrio com as menores pontuações?

Quais são os pontos de equilíbrio com as maiores pontuações?

Qual é o ponto de equilíbrio ou quais são os pontos de equilíbrio que deverão ser revistos a partir de hoje? Qual deles você pode dar um foco maior para impulsionar positivamente os demais pontos de equilíbrio?

Quais serão as tarefas ou ações para alavancar este ponto de equilíbrio escolhido?

Deus é homem ou mulher?

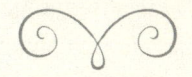

Gostou dos oito pontos de equilíbrio da vida?

Espero que você tenha aproveitado a leitura e todos os exercícios práticos de *Coaching* Aplicado que eu elaborei para auxiliar você, mulher que é um show, a promover reflexões e novas ações para sua vida pessoal e profissional.

Eu espero também que você se comprometa a cumprir com todas as tarefas que listou nos oito pontos de equilíbrio.

Lembre-se de que você é a única responsável pelas suas escolhas ou decisões e deixar de cumprir com suas tarefas fará com que se distancie cada vez mais dos seus sonhos.

É importante entender que uma intenção sem ação é apenas uma boa intenção, mas uma intenção com ação é uma excelente intenção que se transforma em realidade, pois conforme disse Leonardo Da Vinci, "tudo que está no plano da realidade já foi sonho um dia".

Como *coach*, sempre irei propiciar estes momentos de aprendizado para auxiliar você a aprimorar ainda mais o seu autoconhecimento e autodesenvolvimento.

Acredito que, dessa forma, cumpro com minha missão de vida, inspirando e auxiliando pessoas a serem mais e melhores do que já são.

Neste momento, quero pedir licença para contar a você, mulher que é um show, uma metáfora sobre as quatro fases da vida (infância, adolescência, maturidade e melhor idade) e a importância da amizade e da espiritualidade, esta é uma pequena história de duas amiguinhas que se conheceram na infância.

Era uma vez duas amiguinhas.

Duas amiguinhas lindas, maravilhosas e poderosas que caminhavam pelos jardins da vida.

As duas eram muito amigas, duas criancinhas que não tinham maldade, não tinham pecado, somente alegria e felicidade.

E um dia, uma delas disse: "Você sabe o que a minha vovozinha contou? Ela me disse que Deus é mulher, Deus é uma mulher linda, maravilhosa e poderosa!".

A outra amiguinha, disse: "Não, Deus não é mulher... Deus é um velhinho de barba branca que mora lá no céu!".

"Como assim? Minha vovó disse que Deus é uma mulher!" - retrucou a outra.

E as duas acabaram discutindo uma com a outra:

"Deus é mulher... Deus é homem...".

E pronto!

Foram embora para suas casas, uma emburrada com a outra.

Mas você já sabe: criança é criança, não é?

Criança não guarda mágoa, nem rancor e logo, logo, as duas estavam juntas novamente.

A amizade durou por um bom tempo...

As duas cresceram e se tornaram adolescentes.

E na adolescência, o que acontece?

As duas começaram a namorar e muitas vezes não podiam estar juntas. Passou algum tempo e um certo dia as duas se encontraram e começaram a fofocar sobre seus namorados e colocar as conversas em dia.

A MULHER É UM SHOW!

"Puxa! Quanto tempo, hein! Você se lembra quando éramos pequenininhas, que brincávamos de boneca, como a gente se divertia, não?".

"Nossa! Eu me lembro sim. Como era bom, não era?".

"Você se lembra daquele dia que a gente brigou?".

"Nossa! Eu me lembro sim...".

"Que discussão boba, não?".

"Tudo aquilo por causa de um desentendimento bobo sobre se Deus era homem ou era mulher, não é?".

"Ah! Sim! Mas, agora você já sabe, né: Deus é mulher!".

"Como assim, Deus não é mulher! Que tolice!".

"É sim!".

"Não é!".

E as duas, novamente, ficaram discutindo uma com a outra: "Deus é mulher... Deus é homem...".

E pronto! Brigaram novamente.

Mas agora, na adolescência as coisas são muito diferentes da época da infância e as duas passaram algum tempo, na realidade, alguns anos sem se ver.

A vida passa, o tempo voa e um certo dia, uma mulher caminhando pelo corredor de um supermercado ao olhar do lado se depara com outra mulher.

Uma fica olhando para a outra e de repente se abraçam, dizendo uma à outra:

"Amiga! Há quanto tempo!".

"Sim! Quanto tempo!".

E começaram a conversar, as duas não se viam há anos, estavam casadas, tinham filhos, mas nunca mais tinham se encontrado novamente.

Aquele foi um momento de alegria, os minutos se passaram rápido, relembraram todos os momentos da infância e da adolescência que viveram juntas, quando uma delas resolveu infelizmente tocar naquele mesmo assunto.

E novamente ficaram discutindo uma com a outra:

"Deus é mulher... Deus é homem...".

Pronto! Brigaram novamente.

Mas agora, já eram duas adultas e você já sabe, não é? Adultos não se perdoam facilmente e agora elas passariam alguns anos e anos sem se ver.

A vida passou, passou rapidamente.

Um belo dia, uma velhinha muito simpática estava sentada no banco de um jardim.

De repente, uma outra velhinha caminhando com muita dificuldade amparada por uma bengala, resolve sentar ao seu lado.

As duas ficaram em silêncio olhando para o jardim, quando uma olhou para a outra. Ficaram se encarando por um tempo, até que uma resolveu falar: "você é a...?".

"Sou sim! E você, por um acaso é a...?".

"Sim!".

"Amiga!".

E as duas se abraçaram e começaram a conversar, as duas não se viam há anos, seus maridos já haviam falecido, já eram vovós.

Aquele foi um momento de alegria, os minutos se passaram rápido, relembraram todos os momentos da infância, da adolescência, da fase adulta, quando uma delas resolveu infelizmente tocar naquele mesmo assunto.

E novamente ficaram discutindo uma com a outra.

"Só agora eu percebi que você estava certa: Deus é uma mulher!".

"Como assim? Agora entendi que você é quem estava certa: Deus é homem!".

"Deus é mulher... Deus é homem...".

E, finalmente, o inevitável aconteceu!

Duas amiguinhas lindas, maravilhosas e poderosas.

Duas criancinhas sem maldade, sem pecado, somente alegria e felicidade, correndo por um lindo jardim todo iluminado no céu.

E um anjo se aproximou delas e disse: "vocês, apesar das desavenças que tiveram, sempre tiveram uma alma nobre, constituíram famílias, foram leais, cumpriram com sua missão e, finalmente, agora irão conhecer Deus para poder tirar suas dúvidas!".

E uma olhou para outra, agora duas criancinhas novamente, tão curiosas e felizes.

Será que Deus era homem? Será que Deus era mulher?

E um lindo portal iluminado se abriu diante delas e, então Deus apareceu para elas.

E foi quando elas descobriram, finalmente, que Deus é...

Deus!

Deus não tem cor, não tem raça, não tem sexo.

Deus não julga, Ele é apenas Luz que ilumina os corações das mulheres que são lindas, maravilhosas e poderosas!

Portanto, a cada ação uma reação, a cada estímulo uma resposta.

Você pode ficar atribuindo aos outros a sua falta de sucesso, ou ficar apontando o dedo para alguém quando está errada.

Mas, no final será entre você e Deus, apenas isso.

Existe um poema atribuído a Madre Teresa, que aprecio muito, intitulado "Assim mesmo":

"Muitas vezes as pessoas são egocêntricas,
ilógicas e insensatas.
Perdoe-as assim mesmo.
Se você é gentil, as pessoas podem
acusá-lo de interesseiro.
Seja gentil assim mesmo.
Se você é um vencedor, terá alguns
falsos amigos e alguns inimigos verdadeiros.
Vença assim mesmo.

Edson De Paula
A MULHER É UM SHOW!

Se você é honesto e franco, as
pessoas podem enganá-lo.
Seja honesto e franco assim mesmo.
O que você levou anos para construir, alguém
pode destruir de uma hora para outra.
Construa assim mesmo.
Se você tem paz e é feliz, as
pessoas podem sentir inveja.
Seja feliz assim mesmo.
O bem que você faz hoje,
pode ser esquecido amanhã.
Faça o bem assim mesmo.
Dê ao mundo o melhor de você, mas
isso pode não ser o bastante.
Dê o melhor de você assim mesmo.
Veja você que, no final das contas,
é tudo entre você e Deus.
Nunca foi entre você e os outros."

De coração para coração

Em todas as minhas palestras e treinamentos, sempre procuro repassar conteúdos de uma forma natural e didática, contando algumas histórias reais da minha vida para ilustrar pontos importantes do contexto que está sendo abordado.

Também costumo contar algumas metáforas ou histórias fictícias que fazem com que os participantes criem suas próprias reflexões, percepções e aprendizados.

Isso faz com que cada participante, seja de um treinamento ou palestra, tenha uma experiência única e enriquecedora, pois todas as vezes que contamos um fato, seja um acontecimento real ou fictício, estamos auxiliando o nosso interlocutor a imaginar situações que presenciou em sua vida real, comparando-as com aquelas que estamos citando. Deste modo, refletirá sobre questões que precisa mudar, seja em atitudes ou comportamentos, redescobrindo uma nova maneira de ser, de pensar e de agir.

Neste livro, resolvi colocar à sua disposição o tema da minha palestra motivacional "A mulher é um show!", que foi idealizada especialmente para o público feminino.

Nesse momento, me recordo da primeira vez que ministrei a palestra "A mulher é um show!".

A primeira vez que, oficialmente, ministrei a palestra que dá o título a este livro, foi em uma empresa multinacional da região de Campinas. Na ocasião, me recordo que fui contratado para ministrá-la para um evento em homenagem ao Dia das Mães daquela empresa.

Quem cuidou de tudo, como sempre, foi a Liliane, me lembro que ela chegou para mim apenas com um dia de antecedência e me avisou: "amanhã você vai palestrar para 200 mulheres!".

"Como assim? Amanhã?".

"Sim! Qual é o problema?".

Esse é o jeito da Liliane, ela faz as coisas acontecerem.

"Ok!" - respondi prontamente, afinal manda quem pode e obedece quem tem juízo, não é?

"Que horas será a palestra?" – perguntei.

"Às 6h da manhã!".

"Como assim? Às 6h da manhã?".

"Sim! Qual é o problema?".

"Ok! As mulheres estão chegando na empresa às 6h?".

"Elas estão saindo, é o fechamento do turno da noite...".

"Como assim? Palestra motivacional em um fechamento de turno? Elas trabalharam a noite toda?".

E qual foi a resposta?

"Sim! Qual é o problema?".

E assim foi. Às 5 horas da manhã, Liliane me acordou, já estava com tudo preparado.

Nos dirigimos até a empresa e eu todo resistente, pensando em como iria motivar um grupo de mulheres que havia trabalhado durante a noite.

A Liliane foi me incentivando durante todo o trajeto e, ao chegarmos na empresa, fomos recebidos por outra mulher que era a gerente de Recursos Humanos.

Eu me lembro que a primeira pergunta que eu fiz para a gerente de RH foi: "Como está a energia delas? Devem estar cansadas!".

E ela sorriu para mim e disse:

"Cansadas? Você está ouvindo essa muvuca lá dentro do salão?".

Estávamos do lado de fora de um salão com a porta fechada, do lado de dentro ouvia-se um som que estava abafado, porém de muita agitação.

Dentro daquele salão, 200 mulheres riam e conversavam entusiasticamente como se tivessem acabado de acordar naquele exato momento, Liliane olhou para mim e piscou, balançando a cabeça como se dissesse em silêncio: "agora é com você!".

E lá estava eu com 200 mulheres guerreiras que haviam trabalhado no turno da noite, todas elas, literalmente, "quebraram minhas pernas" com sua energia contagiante, entraram de cabeça na palestra, participaram ativamente de todas as reflexões, de todas as dinâmicas, choraram, dançaram e riram muito.

Quero dizer para você, mulher que é um show, que eu realmente amo o que faço, principalmente palestrar, escrever e atender pessoas.

É claro que em uma palestra, que dura aproximadamente uma hora, os temas são abordados de uma forma sucinta, porém altamente impactante e motivacional.

Em um livro podemos esmiuçar melhor os temas, inserir conteúdos, novas interpretações e até *insights* e dicas para você que é uma mulher que vive o dia a dia com muita luta e garra.

Portanto, se você está gostando da leitura deste livro, peço para indicá-lo para uma amiga. Fazendo isso, estará colaborando para que este conteúdo seja repassado, replicado a outras mulheres que são especiais como você e, com isso, estará me auxiliando e incentivando a continuar escrevendo.

Digo isso por que sempre fico muito feliz quando nos intervalos dos meus treinamentos, palestras ou seminários, alguém se dirige até mim e diz que aprendeu algo novo ao ler um de meus livros ou de algum conteúdo de meus artigos, vídeos ou matérias que foram publicadas na mídia.

Agradeço sempre os *feedbacks* que recebo, costumo responder a todas as correspondências que me enviam, procuro sempre dividir o que sei e o que faço com imensa satisfação, sem esperar nada em troca, de coração para coração.

Eu sei que você, mulher que é um show, entende o que estou dizendo, pois você valoriza o ato de aprender e ensinar, dar e receber.

Você, mais do que ninguém, sabe compartilhar o que tem de melhor, seja um batom ou perfume para uma amiga naqueles momentos de esquecimento, um conselho naqueles momentos de dificuldade e por que não, até um livro, não é mesmo?

Portanto, quero agradecê-la por estar comigo até este momento, na leitura deste livro.

Você é um show!

Ainda temos um caminho pela frente, então vamos juntos!

Os 10 segredos da mulher que é um show

Quero dividir com você, mulher que é um show, algumas dicas importantes. São "os 10 segredos da mulher que é um show", dez passos úteis para que você seja ainda mais linda, maravilhosa e poderosa do que já é.

Os 10 segredos da mulher que é um show são estes:

1. Saiba escolher
2. Conquiste seu espaço
3. Aprenda diariamente
4. Faça sempre mais e melhor
5. O seu momento é agora
6. Admita seus erros
7. Aceite as mudanças
8. Estabeleça relacionamentos positivos
9. Busque o seu merecimento
10. Sorria e seja feliz

Nas páginas seguintes irei explicar cada um deles com algumas atividades de *coaching* para você.

Espero que aproveite essas dicas de sucesso e que possa aplicar cada uma delas no seu dia a dia.

1. Saiba escolher

Saber escolher é o único poder que você tem na vida.

Sua vida é feita de escolhas, portanto, saiba escolher.

Lembre-se de que você é a única responsável por tudo aquilo que tem escolhido ser, ter e fazer na sua vida.

Como sabiamente escreveu Antoine de Saint Exupéry em seu livro "O pequeno príncipe", "Tu te tornas eternamente responsável por aquilo que cativas", é necessário que você perceba que suas escolhas determinam quem você é ou será.

Toda escolha que você faz também é uma renúncia, ou seja, quando escolhe caminhar por um caminho, acaba renunciando outro.

Você tem feito escolhas, lembra-se?

Você escolhe como quer tratar as pessoas à sua volta e como lidar com as adversidades da vida.

Você tem escolhido quais amizades quer ter ao seu lado, com quem quer se apaixonar, onde estudar, qual é o melhor vestido para aquela ocasião especial.

Você tem escolhido o que acredita sobre si mesma, se é capaz ou incapaz, competente ou incompetente, feliz ou infeliz.

Você tem determinado seu caráter e atitudes pelas escolhas que faz. Portanto, escolha afastar-se das pessoas que puxam para baixo ou arrastam cada vez mais para trás ao invés de impulsionar você a ser mais e melhor do que já é.

Escolha pessoas que alavanquem, que possam ajudar você a dar um salto de qualidade na sua vida. Então, escolher é decidir.

Para você tomar uma boa decisão, deverá levar em conta três fatores essenciais:

1. **Conheça a si mesma:** saiba quais são seus pontos fortes, valores, personalidade e habilidades. Isso irá auxiliá-la a decidir qual a melhor opção que se adapta a você, ao seu estilo pessoal.

2. **Conheça suas opções:** saiba quais são as vantagens, desvantagens, valores, condições e objeções das suas opções. Isso auxiliará você a fazer uma boa decisão.

3. **Faça uma boa decisão:** depois de conhecer a si mesma e quais são suas opções, o momento é de decisão.

E por falar em momentos de decisão, quero auxiliar você com esta pequena reflexão que faço em meus treinamentos de *coaching*:

REFLITA COMIGO:
Momentos de decisão mudam o rumo da sua vida:
decisões erradas em momentos errados geram fracassos.
Decisões certas em momentos errados geram frustrações.
Decisões erradas em momentos certos geram erros.
Decisões certas em momentos certos geram vitórias.
Qual é a sua decisão para o dia de hoje?

Nesse momento vou pedir para você fazer um exercício de *coaching* para auxiliá-la em suas escolhas.

Eu quero que você pense agora em algo que precisa escolher e que está em dúvida entre duas opções.

Por exemplo, pode ser uma dúvida entre escolher qual é o melhor vestido que irá usar naquela ocasião especial, ou até mesmo qual é o melhor curso de inglês que deseja fazer para conseguir aquela vaga numa empresa multinacional.

Enfim, algo que você precisa tomar uma decisão, fazendo uma escolha entre duas prováveis opções.

Pensou?

Agora, para você decidir, quero que utilize um modelo de *coaching* aplicado que desenvolvi e que irá auxiliá-la nessa decisão.

Para utilizá-lo é muito simples: basta você ir respondendo as questões, uma de cada vez, e ao fazê-las refletir sobre todos os aspectos que possam interferir na sua decisão.

No final, ao escolher entre qual das duas alternativas é a melhor, faça uma lista de ações para alcançar seu objetivo.

Preparada para fazer o exercício de *coaching* aplicado?

Então, vamos lá!

Coaching aplicado: 1. SAIBA ESCOLHER
O que eu quero ou preciso escolher?
Opção 1: Opção 2:
Quais são as vantagens, pontos positivos de cada opção?
Opção 1: Opção 2:
Quais são as desvantagens, pontos negativos de cada opção?
Opção 1: Opção 2:
Quais são as condições, valores de cada opção?
Opção 1: Opção 2:
Quais são as objeções, impedimentos de cada opção?
Opção 1: Opção 2:
Qual é a melhor decisão: ( ) Opção 1 ( ) Opção 2
Qual é a sua ação a partir desta escolha? O que irá fazer? Quando? Onde? Como? Liste, pelo menos, três tarefas ou ações necessárias: 1. 2. 3.

2. Conquiste seu espaço

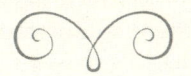

Quero aqui, neste momento, auxiliar você, mulher que é um show, a reforçar ainda mais a conquista do seu espaço neste mundo cada vez mais competitivo. Algumas mulheres, infelizmente, têm acreditado que trabalhar arduamente e com a cabeça baixa ainda seja o melhor caminho.

Apenas trabalhar arduamente não garantirá que você conquiste cada vez mais o seu espaço, é necessário que você siga estas oito dicas importantes para ser cada vez mais notada no seu ambiente de trabalho.

1. Fale mais nas reuniões

Mulheres optam, muitas vezes, por não falar em reuniões estratégicas, isso é um erro. Ficar calada, apenas concordando com sua cabeça, não irá auxiliá-la a galgar posições mais elevadas.

Tenha coragem de falar, compartilhe o seu ponto de vista e busque apresentar sugestões com perspectivas diferentes da maioria dos participantes da reunião. Com isso será notada e admirada cada vez mais.

2. Aumente seus relacionamentos

As mulheres têm optado por frequentar apenas círculos sociais ou profissionais em que se sentem confortáveis e seguras. Quebre a rotina e comece a ampliar seus círculos de relacionamento, se oferecendo, por exemplo, para participar de comissões em outras associações, participando de equipes de voluntárias para causas sociais e até buscando novas oportunidades de relacionamento em outros setores da empresa. Envolva-se mais e conquiste mais relacionamentos!

3. Assuma mais responsabilidades

Se você ficar esperando alguém oferecer uma oportunidade para você crescer na vida, espere sentada e de preferência em uma poltrona bem confortável, por que o ato de esperar pode ser uma experiência lenta e desagradável.

As oportunidades só existem para mulheres que buscam insistentemente por algo desafiador e novo em suas vidas.

Coloque-se à disposição para aqueles projetos que ninguém quer assumir, mostre sua cara, seu valor.

Pergunte-se o que você poderia fazer a mais do que está fazendo e com isso será cada vez mais valorizada.

4. Fale sobre suas conquistas

Se preciso for, grite sobre suas conquistas! Se as pessoas não souberem o que você conquista neste mundo, não irão valorizá-la pelo que é, tem ou faz. As pessoas não possuem bolas de cristal, quem não é visto não é lembrado. Mulheres de sucesso irão se aproximar de outras mulheres de sucesso, portanto, destaque suas realizações e você será destacada!

5. Tenha interesse sincero em ajudar

As pessoas valorizam aqueles que têm interesse real e sincero em auxiliá-los. A mulher que é um show sabe o que é solicitar ajuda quando necessário, pois é humilde para pedir, mas também tem o coração aberto para ajudar. Quando as pessoas percebem que você tem interesse em ajudar ou apenas saber o que está acontecendo, então você é notada.

6. Seja mais confiante

É comum ouvir quando estou em minhas sessões de *coaching* com mulheres líderes ou empreendedoras, que elas "gostariam de ser mais confiantes". Ouço isso com muita frequência. O que elas querem, essencialmente, é: ser ouvidas e respeitadas, nada mais.

Portanto, quero dizer para você que confiança pode ser construída por meio do treino incessante da "assertividade", que é, basicamente, falar tudo aquilo que você está sentindo para uma outra pessoa, com muita confiança, respeitando a si mesma e também respeitando a outra pessoa. Quando você fala com o seu coração, você é respeitada e, com isso, se torna mais confiante!

7. Supere objeções e intimidações

Não se sinta intimidada com as objeções ou intimidações de pessoas que são agressivas. Evite o confronto, jamais o conflito!

Evitar conflitos é uma armadilha que a maioria das mulheres caem, pois sentem-se intimidadas, com receio de não serem respeitadas ou até, amadas. Não seja como uma avestruz que vive com a cabeça escondida no buraco! Diferente da avestruz, erga sua cabeça e mostre seu valor e coragem. Respire fundo e diga tudo o que está pensando e sentindo e, principalmente, saiba negociar consigo mesmo e com suas emoções. Escolha ser empática ao invés de replicar ou revidar à intimidação dos outros.

8. Tenha consciência da sua feminilidade

Não se esqueça, em momento algum, que você é uma mulher linda, maravilhosa e poderosa.

Não adianta você querer dar uma de "macho" no seu ambiente de trabalho, pois homem é homem e mulher é mulher. Digo isso com muito respeito a você, pois já vi muitas mulheres em algumas empresas que ministro treinamentos, seminários e processos de *Coaching*, que não valorizam sua linguagem corporal, seu tom de voz e sua postura feminina.

Certa vez presenciei uma mulher em uma empresa que, ao invés de esperar por uma empilhadeira, começou a empilhar com as próprias mãos vários paletes enormes de madeira, ignorando seus companheiros que pediam para que esperasse pelo veículo.

"Vocês estão com medo de sujar suas mãozinhas?" - disse ela, com um tom de sarcasmo e uma postura de "bronco".

Fez isso sem luvas e, principalmente, curvando muito suas costas: tinha muita atitude e nenhuma elegância.

O que ganhou com isso? Nada! Machucou suas mãos com estrepes de madeira e ficou afastada por meses por lesão na coluna!

Mulheres que assumem um papel caricato de "macho" em ambientes de trabalho se esquecem da importância da sua elegância, da postura e, principalmente, de sua essência feminina, portanto, seja linda, maravilhosa e poderosa!

Coloque agora, na tabela abaixo, as notas referentes a cada uma dicas para você, elas são importantes para que se autoavalie e as coloque em prática!

Coaching aplicado: 2. CONQUISTE SEU ESPAÇO	
1. Fale mais nas reuniões	Nota de 0 a 10:
O que você precisa ser, ter e fazer para melhorar sua nota neste item?	
2. Aumente seus relacionamentos	Nota de 0 a 10:
O que você precisa ser, ter e fazer para melhorar sua nota neste item?	
3. Assuma mais responsabilidades	Nota de 0 a 10:
O que você precisa ser, ter e fazer para melhorar sua nota neste item?	
4. Fale sobre suas conquistas	Nota de 0 a 10:
O que você precisa ser, ter e fazer para melhorar sua nota neste item?	
5. Tenha interesse sincero em ajudar	Nota de 0 a 10:
O que você precisa ser, ter e fazer para melhorar sua nota neste item?	
6. Seja mais confiante	Nota de 0 a 10:
O que você precisa ser, ter e fazer para melhorar sua nota neste item?	
7. Supere objeções e intimidações	Nota de 0 a 10:
O que você precisa ser, ter e fazer para melhorar sua nota neste item?	
8. Tenha consciência da sua feminilidade	Nota de 0 a 10:
O que você precisa ser, ter e fazer para melhorar sua nota neste item?	

3. Aprenda diariamente

Quando você recebe um convite da vida, você estende sua mão e dá um passo à frente?

Afinal, o que é uma oportunidade?

Uma oportunidade pode ser interpretada por dois ângulos totalmente distintos. O primeiro é aquele no qual a oportunidade é fruto do acaso, uma ocasião favorável que aparece repentinamente e que os mais talentosos dizem saber aproveitar esse momento, muitas vezes, único. O outro e para mim o mais condizente, reside na ideia de que oportunidade é o fruto da nossa projeção, do nosso querer, daquilo que você trabalha para acontecer, ou seja, oportunidades existem para aqueles que as buscam constante e insistentemente.

É uma questão de querer intensamente, do que poder momentaneamente. Sucesso é saber buscar as oportunidades e ter talento para fazê-las acontecer.

Como é que você lida com as oportunidades que a vida lhe oferece? Você vai em busca das suas oportunidades?

Um talento pode ser aprendido, portanto, quais são as oportunidades de novos aprendizados que você tem oferecido para ser uma mulher mais talentosa?

Uma metáfora que costumo utilizar para ilustrar isso é comparar nossa vida com um álbum de figurinhas. Nossa vida é como um álbum de figurinhas. A vida é feita de momentos e cada momento tem um significado único e especial.

Algumas pessoas existem, enquanto outras vivem em plenitude, prestando atenção em cada detalhe, em cada aprendizado que a vida propicia. Pessoas diferentes, figuras diferentes, aprendizados diferentes.

Se você prestar atenção, perceberá que sua vida é como um álbum de figurinhas, quando recebe uma figura única você cola no seu álbum da vida, por que é um novo aprendizado.

Quando você tem uma figura a mais, você pode compartilhar ou doar a alguém. Como é que você está montando o seu álbum de figurinhas?

Então, aprender diariamente a compartilhar tudo aquilo que aprendeu com outras pessoas fará com que você recicle continuamente seu ato de dar e receber.

As coisas mais importantes que aconteceram em minha vida foram realizadas pela força da minha vontade em aprender ou empreender algo novo. Eu sempre busquei aprender coisas novas e o ato de praticar empreendendo aquilo que você aprende faz toda a diferença, porque apenas estudar e obter o conhecimento não habilita você a ser alguém na vida. E, com certeza, a minha maior descoberta e a lição mais importante que eu tive foi que o autoconhecimento é o maior aprendizado que podemos obter na nossa vida.

Passei muitos anos da minha vida, assim como você, indo para a escola e no final compreendi que não era absolutamente nada e que tinha apenas um diploma em minhas mãos que também não servia para nada.

Entendi que, na vida real, os livros apenas nos ensinam algo, eles são como um mapa, mas você deve encontrar o seu próprio caminho, pois esse mapa só serve para orientá-lo, a direção e a responsabilidade por caminhar é, única e exclusivamente, sua.

Se fosse possível pegar todo o conhecimento do mundo e estudá-lo, mesmo assim você não se sentiria completo se não pudesse colocar estes mesmos ensinamentos em prática e a serviço da humanidade.

Posso também afirmar para você que muito do que aprendi foi com meus próprios erros, pois só erra aquele que faz e só aprende aquele que erra.

A maioria das pessoas que conheço não aplica aquilo que sabe com intensidade, não se dedica para transferir seus conhecimentos, não cria sucessores, apenas seguidores.

Novamente quero deixar aqui para você, mulher que é um show, algumas dicas para melhorar ainda mais o seu ato de aprender diariamente.

1. Seja mais organizada e disciplinada

Planeje seu dia com antecedência, reveja suas rotinas, suas tarefas e, principalmente, seus horários.

Crie o hábito de fazer roteiros de suas tarefas diárias com os devidos horários e, ao fazer isso, você irá evitar atividades que consomem tempo desnecessário e se concentrará apenas em coisas importantes que trazem um benefício imediato para o alcance dos seus sonhos.

Viver com organização irá fazer com que você deixe sua mente livre e leve, pois você vai se tornar mais produtiva e estar no controle de sua vida. Definir metas para o seu dia, faz com que você olhe de frente para a vida e alcance o seu melhor pela disciplina, pois toda mulher de sucesso sabe o que quer ser, ter ou fazer e é disciplinada para seguir as regras de excelência que impõe a si mesma.

2. Pense positivamente

Pensar positivamente e com entusiasmo fortalece sua autoestima e, com isso, o melhor que existe em você estará em evidência.

Pensamentos positivos alimentam sentimentos positivos que se transformam em ações positivas.

Ações positivas repetidas várias vezes se transformam em hábitos positivos e, consequentemente, você obterá resultados positivos em sua vida. É o que chamamos de ciclo das virtudes.

Resumindo, pensamentos positivos conduzem a resultados positivos. Para que isso aconteça, é muito importante que você saiba como controlar aquilo que pensa e não deixar que seus pensamentos controlem você.

Todos nós já tivemos dias ruins na nossa vida, aqueles em que você tem esse tipo de pensamento: "tomara que esse dia termine logo!". Perceba, então, que especificamente o "dia" não é ruim, pois o dia é o mesmo para todos nós.

O que muda são as suas percepções, as suas interpretações sobre o dia. Ou seja, esse "dia ruim" só existe na nossa percepção e interpretação da realidade. É o seu pensamento que está ruim, compreende? E esse pensamento negativo sobre o dia irá gerar estresse, ansiedade, frustração.

Apenas o fato de você saber colocar em ordem seus pensamentos que geram sentimentos negativos em duas ou três palavras já irão auxiliá-la a reinterpretar o seu dia ruim.

Ou seja, você precisa descobrir a causa que está gerando o pensamento do "dia ruim", sendo muito específica e não generalista.

Quer um exemplo?

"Dia ruim" por "Estou com raiva daquela pessoa".

Pronto, agora você foca apenas no pensamento que gera o sentimento de "estar com raiva daquela pessoa", ao invés de transformar todo o seu dia em um "dia ruim", entendeu?

Feito isso, reavalie se vale a pena continuar alimentando esse pensamento ou faça a seguinte pergunta para si mesma: "qual será a importância desse fato que me deixou com raiva dessa pessoa daqui a vinte anos?".

Se a resposta for "nenhuma importância", então você não precisa mais alimentar esse pensamento e deixar o seu dia tão ruim assim, não é mesmo?

3. Busque seu autoconhecimento

Invista na melhor escola que existe: a escola da vida.

Não tenha receio de buscar se conhecer mais e melhor, dedique um tempo para se dedicar a você!

Conheça os seus pontos fortes e também os pontos que você precisa melhorar em seus comportamentos.

Se tiver dúvidas, pergunte a sua melhor amiga, saiba pedir opiniões como "na sua opinião, quais são as minhas qualidades? Quais são meus defeitos?", mas esteja aberta para respeitar a opinião dos outros e ao mesmo tempo não se critique demais, ao invés disso, parta para a ação corretiva e mantenha-se em movimento na vida.

Jamais fique parada, não estagne, a contínua mudança de sua zona de conforto para a zona de esforço fará com que sua vida melhore cada vez mais e irá reforçar também a sua autoconfiança.

Quanto você está preparada para se conhecer?

Então, responda agora com muita confiança: quem é você?

4. Mude um hábito indesejado

Você precisa assumir o compromisso de mudar um hábito ou comportamento indesejado, colocando uma nova atitude no lugar.

Por exemplo, se você está acostumada a perder a hora todos os dias, o que você pode fazer para melhorar este comportamento?

Quais são as vantagens ou desvantagens disso?

O que a impede de ter uma nova atitude de compromisso consigo mesma? O que pode auxiliar você a ser mais e melhor do que já é?

Lembre-se que o medo é a única coisa que pode impedir você de conquistar seus sonhos.

Talvez o medo de assumir responsabilidades a impeça de ser mais e melhor do que já é. Para superar, você primeiramente precisará entender o que sustenta esse medo, pois o medo tem uma intenção positiva como, por exemplo, proteger você.

O medo alimenta sua zona de conforto, compreende?

E a sua zona de conforto afasta você dos desafios que a vida lhe impõe, portanto, vencer a zona de conforto é vencer o seu medo e, como resultado, você irá se tornar mais proativa e segura. Com o tempo, irá olhar para trás e rir das coisas que você tinha tanto medo.

5. Faça algo novo!

Mas, primeiramente, por favor termine tudo aquilo que começou, não deixe as coisas pela metade na sua vida, incompletas. Quando você termina algo que iniciou, se sente completa e um sentimento de autorrealização vai inspirá-la a continuar criando novas possibilidades. Feito isso, a dica é fazer algo novo.

Para fazer algo novo é preciso se livrar do velho, portanto, dê uma olhada na sua casa e veja se pode jogar fora tudo aquilo que você não usa mais. Abra espaço para o novo!

Depois você poderá fazer algumas coisas como viajar para um novo lugar ou jantar em um restaurante que tenha um cardápio diferente daquele que você está acostumada.

Talvez um novo corte de cabelo, mudar o seu *look*, comprar aquele vestido novo e aquela sandália de salto alto.

Você poderá também ler um novo livro ou até estudar um novo idioma, não é mesmo? Desse jeito irá fazer novas conexões mentais e manterá seu cérebro ativo, pois é a novidade, a mudança que nos faz conectar novos aprendizados. Enfim, fuja o mais rápido que puder da mesmice! Agora, dê uma nota para cada uma das dicas e veja como você está em cada uma delas.

Coaching aplicado: 3. APRENDA DIARIAMENTE	
1. Seja mais organizada e disciplinada	Nota de 0 a 10:
O que você precisa ser, ter e fazer para melhorar sua nota neste item?	
2. Pense positivamente	Nota de 0 a 10:
O que você precisa ser, ter e fazer para melhorar sua nota neste item?	
3. Busque seu autoconhecimento	Nota de 0 a 10:
O que você precisa ser, ter e fazer para melhorar sua nota neste item?	
4. Mude um hábito indesejado	Nota de 0 a 10:
O que você precisa ser, ter e fazer para melhorar sua nota neste item?	
5. Faça algo novo	Nota de 0 a 10:
O que você precisa ser, ter e fazer para melhorar sua nota neste item?	
Quais serão sua próximas ações para o ato de aprender diariamente	
1. 2. 3.	

4. Faça sempre mais e melhor

Você já deve ter ouvido isso muitas vezes na sua vida, mas vale a pena reforçar novamente: faça sempre mais e melhor!

Tenho comprovado no meu dia a dia como *coach* profissional que a maioria das pessoas que faz apenas o suficiente para cumprir com sua rotina, também recebe apenas aquilo que lhe é suficiente.

Ou seja, não estabelecem padrões de excelência para si mesmas e, por isso, não são reconhecidas e nem valorizadas.

Se deseja encontrar o caminho do sucesso, você precisará fazer sempre mais e melhor do que já faz.

E por um outro lado, também tenho percebido que mulheres de sucesso fazem mais e melhor sem criar expectativas de benefícios futuros. Elas simplesmente acreditam e amam fazer o que fazem, por isso fazem sempre mais e melhor e, com isso, estão à frente de suas colegas e concorrentes. Para essas mulheres nunca faltará espaço e oportunidades, pois serão disputadas no mercado, empresas irão buscá-las e serão reconhecidas pelo seu valor.

E além disso, por fazerem sempre mais e melhor, serão mais competentes e também competitivas, construindo uma reputação de resultados excelentes, tanto na vida pessoal quanto profissional.

Excelência é quando você escolhe sair da sua zona de conforto e, com esforço voluntário, ultrapassa com maestria os desafios que a vida lhe impõe, sustentando seus resultados.

Para fazer mais e melhor sempre e obter resultados excelentes, a mulher que é um show precisa ter duas atitudes fundamentais:

1. Se colocar à disposição

É usar a iniciativa para agir em momentos de oportunidade, mostrando todo o seu talento.

Empresas de sucesso recompensam aqueles que se colocam à disposição e assumem a liderança.

Além disso, se colocar à disposição é também assumir a responsabilidade por seus próprios objetivos, mostrar que pode fazer a diferença, que tem atitude quando é convocada para executar uma tarefa.

A resposta é "Sim! Eu vou fazer acontecer!", ao invés de "Eu vou tentar". Além de antecipar possíveis problemas que possam acontecer, tomando ações preventivas e transformar o problema em solução.

Você aceita dar esse primeiro passo?

Você se coloca à disposição quando é convocada para a vida?

2. Inspirar outras mulheres

É saber inspirar as outras mulheres com sua paixão e comprometimento por aquilo que acredita, clareando o caminho para que outras possam seguir.

A mulher que inspira e é inspirada permanece em constante estado de motivação, mesmo quando as coisas vão mal.

Ela não aceita o pessimismo, ao invés disso, enxuga suas lágrimas, retoca a maquiagem, estufa o peito e segue em frente.

Aprende com os erros em vez de ficar "chorando sobre o leite derramado", pois sabe que são úteis para o fortalecimento do seu sucesso.

Gosta de ajudar e sabe pedir ajuda, sabe dar e receber, aprende e compartilha aquilo que sabe e, com isso, cria sucessoras.

É admirada e constrói seu legado com amor e dedicação.

Quantas pessoas você já inspirou na sua vida?

Então, responda: você tem feito mais do que é remunerada para fazer? Por qual motivo?

5. O seu momento é agora

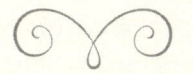

Pare e pense agora: qual é o tipo de pensamento que você está tendo neste exato momento?

Você está tendo um pensamento sobre algo que aconteceu no seu passado ou está pensando em algo que ainda nem aconteceu?

Algo do futuro, por exemplo?

Ou será que você está pensando em algo que nem é seu?

Que não pertence a você.

Por exemplo, em algo que aconteceu com sua amiga, com alguém da sua família...

Seja o que for, este pensamento muda a sua realidade e também a sua noção sobre o tempo.

O seu tempo é uma sugestão da sua mente, do tipo de pensamento que você tem.

Perceba que nós passamos a maior parte do nosso tempo imerso nos nossos diálogos internos, pensando sobre algo que fizemos ou não fizemos no passado ou sobre algo que iremos fazer ou não fazer no futuro.

Com isso, vamos nos desviando cada vez mais do único poder que temos que é o poder de escolher o que podemos fazer exatamente neste momento, no nosso estado atual, no presente de nossas vidas.

Quando eu pedi para você parar e pensar eu acabei exercendo uma influência sobre a escolha do que você deveria fazer neste exato momento. E, quando lhe fiz algumas perguntas eu levei você a uma outra noção de tempo e espaço, compreende? Você já parou para pensar quantas vezes você é influenciada a fazer aquilo que não quer fazer?

Quando você assiste a um programa de TV, você recebe inúmeras mensagens subliminares que dominam a sua maneira de ser, de pensar e de agir. Você é transportada para vários lugares onde não quer estar, ouvir conversas que não quer ouvir e ver aquilo que não quer ver. Você sente raiva quando não quer sentir e chora quando não quer chorar.

Mas, por qual motivo você se "deixa levar"?

Entenda que o seu momento é agora!

Passado e futuro não existem, a única certeza que você tem em sua vida é este momento único que você está vivendo.

A maioria das pessoas se concentra naquilo que não gosta e não quer para sua vida invés de focar naquilo que quer ser, ter e fazer, você já percebeu isso?

É mais fácil ficar focado naquilo que não se gosta do que naquilo que deseja. Você é a sua melhor agente de mudança, só você pode mudar a sua realidade, ninguém mais.

Para que isso aconteça, eu quero que você repita entusiasticamente, em alta voz e com muita força "eu estou aqui!".

Eu quero que você mentalize agora o seu nome e o local onde está exatamente agora e diga "eu estou aqui!" e também "o meu momento é agora!". E, finalmente diga "eu vou fazer o meu melhor, vou dar o melhor de mim!".

Quando sentir que está "no mundo da lua", conectada com o seu passado ou ansiosa por um futuro que ainda não existe, restabeleça seu contato com o momento presente.

Quero pedir, contudo, para que você não se esqueça de traçar projetos para o futuro, não é esta a questão aqui.

Traçar projetos para o futuro faz com que você se anime, portanto, é um estado mental positivo.

O futuro que deve ser evitado aqui é o futuro da ansiedade, o futuro negativo que a deixa preocupada.

Existem pessoas que têm muita facilidade em criar cenários futuros negativos para sua vida e, com isso, vão se isolando do mundo, deixando de viver o momento presente, se autossabotando para sua responsabilidade com a realidade.

É esse futuro que eu quero que você evite pensar.

Construir pontes ao futuro com projetos positivos é necessário para que você obtenha motivação que é um "motivo para você agir", desde que você faça o melhor que você pode no momento presente para atingir o seu melhor no futuro.

Você também precisará quebrar sua rotina, novamente aquela dica de fazer coisas diferentes na sua vida para estabelecer novas conexões mentais. Seu momento, portanto, é agora e viver este momento com o seu melhor estado de presença fará toda a diferença no seu próximo passo para o futuro, lembre-se disso.

6. Admita seus erros

Eu quero fazer uma outra pergunta para você: adianta ficar chorando sobre o leite derramado?

Se você errou, se você "pisou na bola" com alguém que ama ou no seu trabalho, por que não dizer que você estava errada?

O maior erro que podemos cometer em nossas vidas, quando erramos, é aquele "efeito avestruz" que já comentei anteriormente.

De nada adianta você se esconder e ficar fingindo que nada aconteceu, com aquela "cara de paisagem".

Enfim, se proteger não é a melhor saída.

"*Shit happens*", os erros acontecem e sempre acontecerão em nossas vidas, mas as pessoas insistem em se esconder com seus erros, evitam o contato com a intenção de minimizar o conflito e, muitas vezes, de uma maneira arrogante negam que algo de errado tenha acontecido em suas vidas.

Dizer também que "isso é tão comum!" e que "errar é humano!" também é um sinal de desdém para com o erro.

Perceba que um erro é uma grande oportunidade para que você aprenda a ser mais e melhor do que é.

Quando você admite que errou, você mostra que é humilde e promove a aproximação no lugar do afastamento, além de reforçar o seu caráter e sua coragem, mesmo quando as circunstâncias sejam conflitantes.

É o que eu sempre digo "evite o confronto, jamais o conflito".

Conflitos existem para nos deixar mais fortes, pois a diferença de opiniões é rica de aprendizados.

Para que você saiba como admitir seus erros com responsabilidade, empatia e transparência, quero deixar algumas dicas:

1) Seja sincera consigo mesma e com os outros

Jamais minta, não finja que está contando a verdade, simplesmente, conte a verdade doa a quem doer, inclusive você.

Não seja uma mártir, nem uma juíza que se autocondena, seja justa e sincera consigo mesma.

Lembre-se que a sinceridade é o primeiro passo para se reconstruir uma possível confiança que foi abalada em uma relação.

A sinceridade pode doer no início, mas com o tempo as pessoas entenderão que você foi verdadeira e não escondeu seus sentimentos.

2) Assuma a responsabilidade daquilo que é seu, mesmo que seja um erro

É estar preparada para as consequências boas ou ruins do seu erro, mas você precisará antes de assumir a sua responsabilidade ter uma ideia muito clara e definida dessas possíveis consequências e de como fará para agir com cada uma delas.

Qual será o seu plano para limpar a bagunça?

3) Seja empática e peça desculpas

Seus erros sempre irão afetar as pessoas, neste momento é importante que você se coloque no lugar das pessoas e deixe o seu lado "de lado".

É preciso que você enxergue com os olhos dos outros, que você veja o que não viu no momento que errou.

Com isso, você falará com o coração ao invés da razão, sem justificativas, simplesmente dirá "me desculpe!", com dignidade.

Eu quero confessar para você que uma das coisas que eu mais admiro em uma pessoa é a habilidade de se desculpar pelos erros que cometeu e, imediatamente, assumir a responsabilidade de tomar uma postura de zelo para que isso não ocorra novamente.

Devemos admirar pessoas com esta postura, pois isso exige muita consciência, caráter e coragem.

Como diz John Maxwell, "o homem deve ser grande o suficiente para reconhecer seus erros, esperto o suficiente para beneficiar-se deles e forte o suficiente para corrigi-los".

Infelizmente, na minha vida pessoal e também profissional, tenho percebido que a maior parte das pessoas prefere se esconder como avestruzes em seus buracos e ainda me surpreendo com quantas pessoas conheço que não sabem reconhecer seus erros e muito menos assumir as responsabilidades pelos seus atos.

São pessoas que acreditam que, ao admitirem seus erros, estarão mostrando quão fracas elas são e, infelizmente, acabam tomando uma postura de "isso não importa, vai passar logo..." ou "nada melhor que um dia após o outro".

Você, mulher que é um show, que sabe admitir seus erros, eu desejo sinceramente que aprenda com eles e saiba tomar uma decisão sobre o próximo passo que dará para que isso não se repita mais em sua vida.

Se preciso for, peça conselhos.

Eu sei que você é humilde o suficiente para fazer isso, não é mesmo?

E, principalmente: siga sempre em frente!

Não deixe que os seus erros corroam você, você precisa aceitar a sua imperfeição e que irá, inevitavelmente, cometer mais erros na sua vida pessoal e profissional.

A pior coisa que você pode fazer é tornar-se uma juíza de si mesma, julgando-se, condenando-se ou ainda ficar excessivamente cautelosa para evitar o erro a qualquer custo.

Com a atitude certa ao admitir seus erros, você se tornará uma mulher mais forte e confiante, pois nada reconstrói a confiança mais rápido do que admitir seus próprios erros e provar que você não teve uma postura arrogante.

Você também cresce na medida que admite seus erros, pois quanto mais rápido você resolver seus problemas, mais rápido você se sentirá livre para seguir em frente.

REFLITA COMIGO:
O que você aprendeu com seus erros?
O que é que você precisa ser, ter e fazer para que isso não aconteça novamente?
Quais serão os seus próximos passos?

7. Aceite as mudanças

É fácil entender por que as coisas mudam, o difícil é aceitar as mudanças. Mudança é permanente, comodismo é provisório.

Portanto, se você estiver se sentindo confortável e segura, fique alerta: isso é um estado provisório na sua vida!

A vida é formada por uma sequência de mudanças que sempre serão espontâneas e naturais, não tente resistir a elas, isso só lhe trará tristeza e ansiedade.

Deixe que a realidade seja a verdadeira realidade e não a sua realidade, permita que as coisas fluam naturalmente, pois não importa o quão controladora você seja ou esteja com as coisas que cercam sua vida, o fato é que sempre existirão coisas que não poderão ser controladas.

Muitas vezes, dispensamos o máximo da nossa energia vital tentando controlar nossa ansiedade em momentos de crise, transição ou transformação. Temos a tendência de gastarmos mais energia para reter uma mudança do que para aceitá-la em nossas vidas.

Se você não consegue lutar contra, simplesmente deixe as coisas fluírem, seguirem o seu curso natural. Neste momento eu quero pedir permissão para contar a você, mulher que é um show, uma bela metáfora que ouvi certa vez sobre a "grande água" e que utilizo em momentos de reflexão em meus seminários.

Era uma vez uma pequena nascente que habitava o topo de uma serra rochosa, onde pequenos filetes de água escoavam.

Esses pequenos filetes deslizavam pelas rochas e iam serpenteando a serra, descendo e se encontrando com outros pequenos filetes que vinham de outras nascentes próximas.

Quanto mais desciam, mais volumosos esses filetes ficavam, pois iam se juntando com outros e, então, se transformaram em um pequeno riacho. O pequeno riacho foi descendo a serra e se uniu a outros pequenos riachos, agora já era um pequeno rio que foi arrastando plantas, pedras e até alguns pequenos animais que estavam no seu caminho.

Tudo foi mudando e se transformando até que este pequeno rio se encontrou com outros pequenos rios e ao chegar no sopé da serra já havia se transformado em um rio caudaloso que foi chamado de "a grande água". A grande água foi rompendo com sua força vales e planícies, foi enfrentando a força da natureza como pode, sempre seguindo em frente. Agora já arrastava com sua força árvores, rochas, animais e até homens. E foi assim por um longo trecho de tempo e espaço, com sua força se manteve sempre em frente, ignorando a natureza.

Até que em um determinado local a grande água precisou atravessar um grande deserto que era árido e quente, pois ali também morava o grande sol. A grande água agora lutava com todas as suas forças, mas não conseguia concentrar seus esforços, pois o grande deserto juntamente com o grande sol haviam-na forçado a espalhar suas águas por um grande espaço de território que acabou minando lentamente suas forças. A grande água, então, foi perdendo seu espaço conforme lutava contra a mudança que a natureza lhe impunha.

Quanto mais ela lutava para preencher os espaços do grande deserto, mais o grande sol a deixava sem forças. A grande água insistiu, insistiu e quando já não lhe restavam mais forças, ela ouviu uma grande voz que vinha dos céus que dizia: "Aceite! Aceite!". Então, ao ouvir essa voz, a grande água que agora era apenas uma fina placa de água que percorria o deserto esvaindo-se, esgotando-se, resolveu então aceitar a força do grande sol...

...E, então, a grande água aceitou o fluxo da natureza: o grande sol a evaporou e minúsculas gotículas de vapor iniciaram seu voo para os céus.

Essas gotículas foram subindo, subindo e se encontraram com outras gotículas. E agora as gotículas formavam pequenas nuvens de vapor que foram se encontrando com outras nuvens de vapor.

O grande vento foi empurrando essas nuvens que se encontravam com outras nuvens e, então, acabaram com a força do grande vento, deslocando-se para aquela serra onde uma vez uma pequena nascente deixou escoar pequenos filetes de água.

Então, magicamente, uma grande chuva desabou das nuvens e a água voltou para o seu berço e pode dormir tranquilamente nas entranhas da nascente que habitava no topo daquela serra.

Com esta linda metáfora aprendemos que o segredo para a mudança é: aceite!

Aceite a mudança e a deixe seguir o seu fluxo natural.

E você?

Está aberta para as mudanças que a vida lhe impõe?

Todos nós temos problemas, ficamos incomodados quando as coisas não acontecem do jeito que deveriam acontecer, quando as pessoas não aceitam nossas ideias, quando alguém resolve mudar algo simplesmente por mudar, enfim, você não tem o controle sobre as mudanças, elas simplesmente acontecem, quer você goste ou não.

Então, siga o fluxo, aprenda a aceitar as mudanças e não fique ansiosa, ao contrário, crie possibilidades para que você possa se adequar.

Aceite o que a vida está querendo lhe oferecer ao invés de moldar a vida do jeito que você quer que ela exatamente seja.

Quero compartilhar com você algumas dicas para que saiba aceitar melhor as mudanças, espero que sejam úteis:

1. Evite controlar tudo

Você não conseguirá controlar tudo e todos ao seu redor, pois muito controle gera estresse e pouco controle gera bagunça.

A única coisa que você deve controlar é o seu pensamento negativo, lembra-se? Então, equilibre o seu ato de controlar, pois você estará mais aberta e flexível para aceitar os momentos de mudança.

2. Seja mais consciente

Você não poderá aceitar as mudanças se não tiver a real consciência da necessidade da mudança.

Aceitar por aceitar não é o melhor caminho, você precisará estudar a mudança e, principalmente, conhecer cada passo que precisará dar para poder se adaptar a ela.

Toda mudança exige adaptação e toda adaptação exige treinamento para se adaptar. Portanto, você precisa aprender com isso: uma nova habilidade só é adquirida com muito treino.

3. Aprenda a respirar

Se você ficar estressada, com raiva ou frustrada, respire lenta e profundamente.

Respirar também é dar um tempo, tome um tempo para você respirar a mudança, isto será importante para você se acalmar e pensar corretamente sobre o que deverá fazer.

Não tome nenhuma atitude precipitada em momentos de mudança, respirar auxiliará você a oxigenar ainda mais o seu cérebro e, com isso, poderá pensar melhor sobre o assunto.

4. Obtenha outras perspectivas

Quando estiver irritada com alguma mudança que ocorreu abruptamente em sua vida, dê um tempo, saia do contexto e vá dar uma voltinha.

Esfrie sua cabeça e procure enxergar a mudança com um novo olhar, o olhar de uma observadora.

Olhe a distância como se a mudança não fosse para você.

Pense no que uma outra pessoa faria no seu lugar.

Faça a seguinte pergunta a si mesma: "qual será a importância disso daqui há algum tempo?".

Com certeza você perceberá que esta mudança que a incomoda tanto hoje, daqui há algum tempo não terá impacto negativo algum em sua vida, pois você conseguirá se adaptar.

Então, por que ficar irritada com as mudanças?

5. Nada melhor que um dia após o outro

Vá aprendendo com a mudança um dia após o outro, com pequenos passos.

Não queira mudar tudo de uma vez, vá alterando aos poucos e aprendendo com esses pequenos detalhes que a mudança proporciona.

Muitas pessoas se frustram por mudarem abruptamente suas rotinas sem dar o devido tempo para o alicerçamento de novos hábitos que essas mudanças impõem.

6. Aceite a imperfeição

Aprenda a aceitar os seus erros, aprenda a aceitar a sua imperfeição, pois o mundo está em constante mudança. A vida é um constante fluxo de mudança e imperfeição e você não poderá lutar contra a vida, sempre existirão as catástrofes, as tragédias, as doenças e o inesperado.

Nós somos parte desta mudança e somos seres imperfeitos, aprenda a rir da sua falta de habilidade.

Se divirta mais e só assim irá aprender mais rapidamente.

Como disse Walt Disney: "prefiro divertir as pessoas na esperança que aprendam algo novo do que ensinar algo a elas na esperança que se divirtam".

Coaching aplicado: 7. ACEITE AS MUDANÇAS	
1. Evite controlar tudo	Nota de 0 a 10:
O que você precisa ser, ter e fazer para melhorar sua nota neste item?	
2. Seria mais consciente	Nota de 0 a 10:
O que você precisa ser, ter e fazer para melhorar sua nota neste item?	
3. Aprenda a respirar	Nota de 0 a 10:
O que você precisa ser, ter e fazer para melhorar sua nota neste item?	
4. Obtenha outras perspectivas	Nota de 0 a 10:
O que você precisa ser, ter e fazer para melhorar sua nota neste item?	
5. Nada melhor que um dia após o outro	Nota de 0 a 10:
O que você precisa ser, ter e fazer para melhorar sua nota neste item?	
6. Aceite a imperfeição	Nota de 0 a 10:
O que você precisa ser, ter e fazer para melhorar sua nota neste item?	
Quais serão suas próximas ações para aceitar mudanças?	
1.	
2.	
3.	

8. Estabeleça relacionamentos positivos

Estabelecer relacionamentos positivos é, com certeza, uma das experiências mais gratificantes que podemos ter em nossas vidas.

Um dos fatores que podem impedir a construção de um relacionamento efetivo com alguém é a maneira como criamos expectativas errôneas sobre como as pessoas nos veem e o que elas podem pensar a nosso respeito.

Criamos expectativas e, com frequência, também julgamos os outros.

Se você acredita que "a primeira impressão é a que fica", poderá criar condições que impeçam você de se relacionar com pessoas que têm um estilo diferente do seu.

Você já pensou se todas as pessoas fossem iguais a você?

Eu acredito que todo novo relacionamento propicia um novo aprendizado e quanto mais nos relacionarmos com pessoas que são diferentes do nosso estilo de vida, mais aprendizados teremos.

E a cola que liga um relacionamento é a EMPATIA, a capacidade de perceber e se relacionar com os sentimentos e necessidades de um outro ser humano.

A palavra empatia vem do grego "empatheia" que significa "entrar no sentimento".

É a maneira como lemos o estado interior de um outro ser humano, a maneira como estabelecemos um elo de confiança mútua.

Os primeiros sinais da empatia geralmente surgem na infância: é muito comum observarmos recém-nascidos chorando juntos, basta um bebê começar a chorar e os outros o acompanham.

Eu gosto muito de uma frase da poetisa norte-americana Maya Angelou que diz: "as pessoas esquecerão o que você disse, as pessoas esquecerão o que você fez, mas elas nunca esquecerão como você as fez sentir".

Empatia é construir uma conexão de sentimento entre as pessoas, é "olhar o mundo com os olhos do outro", mas para aumentar sua empatia, primeiramente você precisa conhecer a si mesma.

Conhecer suas emoções, prestar atenção ao seu estado emocional, saber quando situações mudam suas emoções, enfim, saber controlar suas emoções.

> **REFLITA COMIGO:**
> A relação que você tem consigo mesma é uma
> forma positiva de relacionamento?
> Como você se relaciona consigo mesma?

Se você é feliz, então é capaz de tornar outra pessoa feliz, se você se ama, então é capaz de amar outra pessoa.

Enfim, a maneira como você se relaciona com você interfere diretamente na maneira como você se relaciona com um outro ser humano.

Alguns pontos importantes a ser considerados para você estabelecer relacionamentos positivos:

1. Elimine a discriminação

Procure interagir com a maior diversidade de pessoas que puder, aprenda a conhecer as diversas culturas, etnias, religiões e outros aspectos que nos diferenciam uns dos outros.

Se você eliminar a discriminação, estará livre para aprender a obter mais experiências de como ser, pensar e agir diferente e nas mais diversas situações da vida.

Aproveite a oportunidade para aprender também, além das diferenças, quais são as semelhanças entre você e as outras pessoas, isso aumentará sua capacidade de empatia.

2. Coloque-se no lugar do outro

Pratique o hábito de treinar sua mente para se projetar no lugar do outro, isso é fantástico!

Imagine-se na posição do outro, procure ver, ouvir, sentir e perceber tudo o que a outra pessoa vivencia, mas com a sua perspectiva.

Seja mais observador e se projete no lugar do outro, como se fosse um filme.

E se a outra pessoa tiver opiniões diferentes da sua, faça um esforço para procurar identificar qual é a intenção positiva dessa pessoa, pergunte a ela por que age assim, por qual motivo pensa assim, inclusive comece a assumir uma postura de aproximação ao invés de afastamento.

Talvez você se surpreenda com os aprendizados que terá, mesmo em situações em que as opiniões sejam divergentes.

3. Ouça mais e fale menos

Sua capacidade de falar é de até 150 palavras por minuto, mas sua capacidade de ouvir é de até 450 palavras por minuto.

Ou seja, podemos ouvir três vezes mais do que falar.

Quando estiver ouvindo não interrompa a pessoa, acene com sua cabeça positivamente e olhe nos olhos.

As pessoas se sentem confortáveis com pessoas que lhe dão a devida atenção e saber ouvir é a melhor qualidade de atenção que você pode oferecer a uma outra pessoa.

Evite também concluir as frases de uma outra pessoa, isso mostra que você está ansiosa e não empática.

4. Evite dar conselhos, faça perguntas

Tentar corrigir os problemas dos outros com conselhos não é o melhor caminho, pois como diz o ditado "se conselho fosse bom não se dava, se vendia".

Quando você dá um conselho, você minimiza o seu sentimento e acredita que está ajudando a outra pessoa, mas na verdade está apenas imprimindo a sua opinião sobre algo que o outro precisaria aprender sozinho.

A melhor maneira de ajudar é fazer perguntas que façam o outro refletir sobre o assunto e responder por conta própria o que deseja fazer, isso fará com que ele assuma a responsabilidade por sua decisão.

Quando você aconselha alguém, você assume a responsabilidade, compreende?

5. Saiba pedir e dar feedbacks

O *feedback* é o alimento de qualquer relacionamento positivo, mas você precisa ter coragem e também humildade para dar ou receber *feedbacks*.

Pergunte às pessoas o que elas pensam e o que elas sentem sobre você, você irá também se surpreender com o que irá aprender com isso.

Além disso, as pessoas perceberão que você dá importância sobre a opinião delas.

Outro ponto é você saber dar um *feedback* construtivo para os outros, falando sobre suas percepções com muita sinceridade e respeito.

Ao dar um *feedback* procure fazer elogios sobre os pontos positivos do outro e quando for falar de pontos de melhoria utilize frases com percepções como por exemplo "eu percebo que você anda distraído ultimamente...", ao invés de rotular a pessoa com "você é distraído".

6. Adote o 3G (ganha + ganha + ganha)

Esta é uma das dicas que mais valorizo em minha vida, principalmente se você quiser estabelecer relacionamentos positivos duradouros.

Procure criar situações favoráveis, em que todos possam ganhar equitativamente: você, o outro e todo o sistema.

Busque o equilíbrio nas suas decisões, faça com que as pessoas também se sintam valorizadas, seja justa com as pessoas, você só tem a ganhar. Se você constrói suas relações nesta base do 3G, as pessoas irão respeitar, gostar e confiar em você.

Coaching aplicado: 8. RELACIONAMENTOS POSITIVOS	
1. Elimine a discriminação	Nota de 0 a 10:
O que você precisa ser, ter e fazer para melhorar sua nota neste item?	
2. Se coloque no lugar do outro	Nota de 0 a 10:
O que você precisa ser, ter e fazer para melhorar sua nota neste item?	
3. Ouça mais e fale menos	Nota de 0 a 10:
O que você precisa ser, ter e fazer para melhorar sua nota neste item?	
4. Evite dar conselhos, faça perguntas	Nota de 0 a 10:
O que você precisa ser, ter e fazer para melhorar sua nota neste item?	
5. Saiba pedir e dar *feedbacks*	Nota de 0 a 10:
O que você precisa ser, ter e fazer para melhorar sua nota neste item?	
6. Adote o 3G (ganha-ganha-ganha)	Nota de 0 a 10:
O que você precisa ser, ter e fazer para melhorar sua nota neste item?	
Quais serão suas próximas ações para se relacionar positivamente?	
1.	
2.	
3.	

9. Busque o seu merecimento

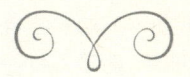

Toda mulher merece ser feliz e ter sucesso na vida pessoal e profissional.

Como sou um *coach* especialista em liderança, tenho acompanhado de perto o sucesso de várias mulheres empreendedoras e há certos traços que as tornam semelhantes.

Um deles e o mais importante, na minha opinião, é que eu tenho percebido que "mulheres de sucesso são felizes e amam aquilo que fazem e, consequentemente, obtêm o sucesso".

Quando elas tomam o sucesso em suas mãos, quando se sentem merecedoras de suas realizações, elas acreditam no seu valor e sustentam com muita honra o amor por aquilo que acreditam e por aquilo que fazem acontecer.

Especificamente ao sucesso, costumo dizer que o hábito de agir é mais importante que a motivação.

As pessoas que têm sucesso são, definitivamente, apaixonadas pelo que fazem, mas entenda que é uma PAIXÃO acompanhada de AÇÃO.

Se você tem um pensamento positivo que domina suas ações, com certeza criará hábitos saudáveis que conduzirão você ao sucesso inevitável.

> **REFLITA COMIGO:**
> Como seria se o sucesso pudesse ser inevitável na sua vida?
> Você abraçaria o sucesso com responsabilidade e paixão?

Algumas dicas importantes para as mulheres que buscam o seu merecimento:

1. Tenha paixão pelo que faz

Mulheres são muito apaixonadas pelo que fazem e isso já é mais do que suficiente para alavancarem suas carreiras profissionais e obterem posições mais elevadas no mundo corporativo.

Como disse Confúcio: "escolha um trabalho que você ame e não terás que trabalhar um único dia em sua vida".

2. Seja você mesma

É importante ser autêntica e não mudar sua identidade só para tentar agradar alguém, os melhores relacionamentos são aqueles construídos na base da confiança e da sinceridade.

Mulheres que buscam seu merecimento sabem que é melhor ser odiadas pelo que são, do que amadas pelo que não são.

A mulher que é um show não fica se comparando às outras mulheres, é autoconfiante e jamais cria expectativas com a impressão ou a aceitação dos outros.

Ela fala a verdade e é muito fiel a si mesma, defende suas convicções sem desrespeitar os outros, sua força e paixão alimenta seu coração e sua mente.

As pessoas certas vão gostar do seu jeito certo de ser, de pensar e de agir, portanto, seja você mesma!

3. Dinheiro é consequência

Você, inevitavelmente em sua vida profissional, irá se deparar com pessoas que acham que sabem aquilo que você quer e irão dizer que felicidade e sucesso é uma questão de quanto dinheiro você carrega em seus bolsos.

São pessoas que irão medir o seu tamanho com base naquilo que você tem ou possui, ao invés de reconhecer o valor daquilo que você é.

A mulher que é um show sabe mais do que ninguém que as coisas materiais não importam e que não adianta ficar perseguindo o dinheiro.

São motivadas pela paixão do ser, do aprender, do fazer, portanto, para elas, dinheiro é consequência.

Para essas mulheres de sucesso, o caráter é mais importante que sua conta bancária e construir uma base profissional sólida, consequente e inevitavelmente, trará o seu merecimento financeiro.

4. Sucesso não é o oposto do fracasso

O fracasso é o trampolim para o sucesso e quase sempre andam juntos e de mãos dadas.

Mulheres que buscam seu merecimento sabem que "sucesso não é o oposto do fracasso" e que, desse modo, não poderão estar o tempo todo em situações de destaque e sucesso.

Elas reconhecem que uma das partes inevitáveis que alavancam o sucesso em sua carreira é o risco de cair.

As mulheres são muito resilientes e, portanto, sabem lidar melhor com situações de estresse e adversidade na vida, bem como o fracasso.

Resiliência é saber adaptar-se bem diante das adversidades, mas não significa que a pessoa é isenta de sentir dificuldade ou sofrimento.

Significa que essa pessoa tem uma alta capacidade de gerenciar sentimentos e impulsos fortes, mantendo-se calma, porém em movimento.

Você não pode mudar o fato de que o fracasso acontecerá e que eventos altamente estressantes irão surgir em sua vida, mas você pode mudar a forma como interpreta e responde a esses eventos.

5. Planeje o seu futuro

Apenas pensar positivo não irá levar você muito longe, é claro que você deve sempre esperar o melhor, mas fique atenta e seja planejada também para o pior.

É preciso estar disposta a trabalhar arduamente para fazer com que as coisas boas aconteçam e, para isso, você terá de planejar com antecedência caso algo dê errado em seu futuro.

Mulheres de sucesso evitam grandes dívidas, compram apenas o que precisam e evitam investimentos duvidosos.

Elas sabem que uma das melhores maneiras para se obter o sucesso é se tornarem financeiramente estáveis e, por exemplo, trabalham na intenção de possuírem uma casa em vez de alugá-la.

Então, pare e pense agora: quais serão os seus próximos objetivos?

Coaching aplicado: 9. BUSQUE SEU MERECIMENTO	
1. Tenha paixão pelo que faz	Nota de 0 a 10:
O que você precisa ser, ter e fazer para melhorar sua nota neste item?	
2. Seja você mesma	Nota de 0 a 10:
O que você precisa ser, ter e fazer para melhorar sua nota neste item?	
3. Dinheiro é consequência	Nota de 0 a 10:
O que você precisa ser, ter e fazer para melhorar sua nota neste item?	
4. Sucesso não é o oposto do fracasso	Nota de 0 a 10:
O que você precisa ser, ter e fazer para melhorar sua nota neste item?	
5. Planeje o seu futuro	Nota de 0 a 10:
O que você precisa ser, ter e fazer para melhorar sua nota neste item?	
Quais serão suas próximas ações para buscar seu merecimento?	
1.	
2.	
3.	

10. Sorria e seja feliz!

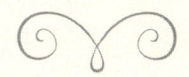

Sorrir também é uma escolha.

Você pode escolher mostrar-se carrancuda e mal-humorada ou bem-humorada e sorridente. Eu posso garantir a você, que como homem, prefiro estar próximo das pessoas que estão de bem com a vida.

Lembre-se: um sorriso verdadeiro e autêntico faz toda a diferença.

Não fique esperando que a vida sorria para você, ao contrário, sorria para a vida! Um sorriso autêntico faz com que você e todos a sua volta se sintam melhores, pois um simples ato de sorrir manda uma mensagem ao seu cérebro de que você sente-se feliz, liberando a endorfina, que é o hormônio do prazer, muitas vezes liberado em resposta às atividades físicas e durante o orgasmo(!!!).

Isso mesmo, você entendeu direitinho: se você sorrir - aliás faça o máximo esforço para sorrir sempre - você aumentará a possibilidade de sentir mais prazer na sua vida, irá sentir-se mais relaxada e com prazer, com uma sensação de euforia e bem-estar.

Com isso, irá melhorar:

- Sua capacidade de concentração e memorização
- O seu ânimo e bom humor

- Seu sistema imunológico
- Sua circulação sanguínea

E o mais importante: irá envelhecer menos! Não é fantástico?

Se afaste de pessoas negativas e mal-humoradas, que não somam na sua vida. Ninguém gosta de ficar ao lado de pessoas que só reclamam, que são desanimadas.

A felicidade está dentro de você!

Toda e qualquer felicidade que você deseja encontrar na sua vida já está e sempre esteve dentro de si.

Ser feliz também é uma questão de escolher ser feliz, se você deseja ficar irritada, está escolhendo ficar afastada da felicidade.

Para cada minuto de irritação, um minuto a menos de felicidade em sua vida. Portanto, escolha ser feliz e viver a felicidade.

Seja honesta consigo mesma, se algo ou alguém a desagradar, siga em frente, escolha deixar isso de lado, afinal, a vida não poderá agradá-la sempre. Se você tem coragem para admitir que confia em si mesma, mesmo quando se sente insegura, se tem a capacidade de sorrir mesmo quando está com vontade de chorar, se consegue falar mesmo quando sua voz está embargada, se você procura dar o que é preciso mesmo quando não tem o que dar, então você está no caminho certo para ter um estado de espírito de felicidade.

O seu contentamento só depende de você, pois a felicidade está dentro de você. Portanto, escolha ser a melhor mulher que você puder ser para você mesma!

Nunca escolha comparar-se com outras mulheres, nunca tente ser melhor do que alguém, pois ao se comparar deixará de ser autêntica, natural.

Escolha passar o seu tempo ao lado de pessoas divertidas e que se divertem com a vida, pessoas agradáveis, inteligentes, que são orientadas para o sucesso, a felicidade.

Os bons relacionamentos irão auxiliá-la a ser mais e melhor do que já é, busque cercar-se de pessoas certas e que possam motivar positivamente a mulher que você deseja ser.

Busque o exemplo de mulheres que você admira e respeita, mulheres que fazem o seu dia a dia mais vívido, intenso e positivo.

A sua vida é muito curta para você ficar ao lado de mulheres derrotistas, mal-amadas.

Fuja da mulher que não é um show.

Existem mulheres que não são um "show!", mas sim mulheres que são um "xô!"...

Isso mesmo, "xô!" de "sai fora, xô!".

Essas mulheres são desanimadas, desengonçadas e... ...encalhadas!

Portanto, fuja delas!

Quando você se libertar da presença dessas "mulheres que são um xô!", estará livre para ser a "mulher que é um show!" e será ainda mais linda, poderosa e maravilhosa do que já é.

Faça a escolha de concentrar-se no que você já tem de bom, não fique querendo "achar pelo em casca de ovo".

Quando você aprecia aquilo que tem, se valoriza e também valoriza aquilo que as outras mulheres possuem, admirando-as e não as invejando.

Aprenda a admirar mais e invejar menos.

Com isso também será admirada!

Seja grata por tudo aquilo que você é e tem na sua vida, sem ter de sair para comprar algo novo só para mostrar que você também pode ter a mesma coisa que a sua amiga tem.

Lembre-se: comprar não traz felicidade, apenas aumenta suas dívidas. Muitas vezes, o que nos atrapalha a felicidade é ficarmos acreditando naquilo que não somos ou que supostamente acreditamos ser, essa é a principal razão para que tantas pessoas desistam de seus sonhos, pois temos a propensão de ficarmos olhando o quanto ainda nos resta a alcançar, ao invés de olharmos tudo aquilo que já conquistamos e o quanto já caminhamos positivamente na vida. Ser feliz é saber curtir a viagem, não é chegar rápido ao destino.

Neste momento, quando estamos quase no final deste livro, faça um teste rápido para avaliar o seu estado atual de felicidade.

Este teste foi adaptado do questionário desenvolvido pelo psicólogo americano Michael W. Fordyce, pioneiro nos estudos da felicidade e seus parâmetros de medição e intervenção, e já foi feito por centenas de milhares de pessoas no mundo.

Espero que você esteja se sentindo feliz.

Então, vire a página e um bom teste! Estado Atual de FELICIDADE.

Estado Atual de FELICIDADE
(Baseado no questionário Fordyce)

Qual é o seu estado atual de felicidade? Marque um "X" em uma das alternativas abaixo:

Em média (durante 1 dia/ 24 horas)

Extremamente Feliz Sentindo-se em êxtase, fantástica	
Muito Feliz Sentindo-se muito bem, eufórica	
Bastante Feliz Animada, sentindo-se bem	
Moderadamente Feliz Sentindo-se razoavelmente bem, animada	
Ligeiramente Feliz Somente um pouco acima do normal	
Neutro Nem especialmente feliz, nem infeliz	
Ligeiramente Infeliz Só um pouquinho abaixo do neutro	
Moderadamente Infeliz Só um pouco "para baixo"	
Bastante Infeliz Meio melancólica, moral baixo	
Muito Infeliz Deprimida, desanimada	
Extremamente Infeliz Francamente deprimida, completamente prostrada	

Qual é a porcentagem de tempo que você se sente feliz? ———%
Qual é a porcentagem de tempo que você se sente infeliz? ———%
Qual é a porcentagem de tempo que você se sente neutra? ———%

O que você precisa fazer para aumentar o seu índice de felicidade?

A onda e
o rochedo

Quero agradecer a você por ter estado comigo na leitura deste livro. Espero que entenda que a minha intenção foi abrir minhas percepções sobre o universo feminino, o qual admiro e respeito muito. Desejo dizer a você, mulher que é um show, que vivemos em um mundo onde somos cobrados diariamente por resultados e pressionados pelas nossas crises existenciais.

Ocorre que, em toda crise, existem momentos de transição, onde ficamos suspensos num sentimento de vazio e, algumas vezes, nada parece fazer sentido em nossa vida.

Para podermos passar pela transição e obter a transformação, precisamos adquirir a leveza, a suavidade.

E é justamente nessa leveza que a mulher tem se sobressaído positivamente e, metaforicamente falando, é como uma onda do mar quebrando num rochedo.

O rochedo é forte e rígido, parece inexpugnável, a onda possui uma força diferente, mas mantém sua consistência.

Insistentemente, a onda enfrenta o rochedo e vai desgastando-o com suas investidas, é a leveza insistente contra a rigidez momentânea.

Ou seja, sempre viveremos momentos de crise em nossas vidas, o que muda é a maneira como passamos por eles.

O importante é termos a consciência dos nossos limites e trabalharmos diariamente para alcançarmos mais recursos, procurando equilibrar nosso lado racional com o emocional.

Talvez as palavras-chave aqui, neste momento do livro, sejam aceitação e integração.

Acredito que talvez você possa começar a perceber os pequenos detalhes da vida que a deixam realmente feliz e potencializá-los cada vez mais, aceitando-os e os integrando.

Um outro fator que nos prejudica muito é o sentimento sobre a cobrança de um futuro incerto, quero confessar a você que sou contra definir objetivos e metas de longo prazo.

Acredito que, para conquistarmos nossos sonhos, devemos viver com intensidade o momento presente com uma visão não tão distante do nosso futuro.

Precisamos estreitar a distância dos nossos sonhos, trazê-los mais próximos de nós, apesar de ser visões do nosso futuro, pois se estivermos bem agora, nosso futuro será mais tranquilo e enriquecedor.

Quanto ao meu propósito de vida, demorou muito para que eu pudesse identificá-lo claramente.

Não é tão simples assim identificar qual é o propósito da sua vida, o que define sua missão.

Esse meu processo de identificação já dura alguns anos, posso garantir para você que hoje eu o visualizo claramente: "inspirar pessoas, líderes e empresas ao contínuo desenvolvimento da excelência humana".

E qual é o seu maior sonho? Qual é o propósito da sua vida?

Entusiasmo para sonhar
e motivação para agir

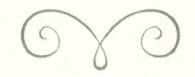

Para auxiliá-la ainda mais quero, neste momento, disponibilizar para você mais uma sessão de *Coaching* aplicado.

São perguntas que irão ajudar você a encontrar seus valores, propósitos e, consequentemente, definir melhor seus sonhos e prioridades na vida. Espero que, dessa forma, você encontre dentro de si o entusiasmo necessário para motivá-la à ação.

Lembrando que entusiasmo é diferente de motivação.

Entusiasmo é uma palavra de origem grega, "entheos" que significa "Deus em você", é a inspiração que vem de dentro, do seu "eu interior", é um estado de imensa força e alegria.

Quando você está entusiasmada, se dispõe a enfrentar as dificuldades e desafios que a vida lhe impõe, pois está confiante e corajosa.

O entusiasmo é otimista, mas por si só não se sustenta, pois o que motiva o entusiamo é ter a certeza do seu propósito nesta vida e transformar seus sonhos em realidade.

Portanto, o nosso propósito de vida alinhado com nossos sonhos, "motivam" e alimentam o nosso entusiasmo.

E é justamente deste ponto que surge a palavra "motivação", de origem latina "movere" e significa "deslocar, fazer mudar de lugar", enfim "entrar em movimento".

Mas eu gosto também da etimologia da palavra motivação, em inglês *"motivation"* que é a soma de duas palavras inglesas (*motive + action*) ou "motivo para ação".

Portanto, o motivo para agir, a "motivação" é aquilo que deixa você entusiasmada.

O que a entusiasma?

Vamos conferir?

Então, pegue uma caneta e boa sessão de *coaching*!

Primeiramente, vamos iniciar com uma definição de valores e propósitos de vida. São eles que sustentam nossos sonhos.

Coaching Aplicado:
VALORES E PROPÓSITO DE VIDA

1. Se você tivesse apenas uma única opção para a pergunta "qual é a coisa mais importante da sua vida?", qual seria a sua resposta?

2. Quais são os cinco valores mais importantes da sua vida? Marque com um "X":

Amizade	Amor	Aprendizado
Compreensão	Compaixão	Caridade
Comprometimento	Coerência	Coragem
Cooperação	Dedicação	Discernimento
Equilíbrio	Ética	Fé
Felicidade	Fraternidade	Gratidão
Generosidade	Gentileza	Honestidade
Humildade	Igualdade	Integridade
Justiça	Lealdade	Liberdade
Paciência	Perseverança	Paz
Prosperidade	Responsabilidade	Respeito
Sinceridade	Solidariedade	Tolerância

Agora, coloque os cinco valores em ordem de prioridade:

1. _____

2. _____

3. _____

4. _____

5. _____

3. Como você se sente com relação a esses valores? Qual deles é o mais importante?

4. Esses valores motivam você? Eles orientam seus propósitos na vida?

5. Quais são as coisas que a deixam feliz? O que você tem feito para se sentir mais motivada?

6. Quais foram os acontecimentos na sua vida que a deixaram mais motivada e feliz? Como você se sente quando se lembra desses acontecimentos?

7. Alguém já a agradeceu por algo que fez? O que é que você faz que a deixa plenamente feliz e realizada?

8. Quais foram as suas maiores conquistas? Que coisas pertencem a você?

9. Quem ama você e quem você ama? Como é que você tem demonstrado seus sentimentos para essas pessoas?

10. Qual é a sua vocação? Qual é o seu maior talento? O que sua vocação e talento têm proporcionado a você?

11. Qual é o seu propósito de vida? Por que e, principalmente, para quem vale a pena se levantar todos os dias de manhã?

Coaching Aplicado: SONHOS

1. Se você tivesse apenas uma única chance para realizar o maior sonho da sua vida, qual seria esse sonho?

2. Quais são os cinco sonhos mais importantes da sua vida? Marque com um "X":

Ter filhos	Casar	Construir Família
Viajar	Estudar	Construir
Comprar casa	Comprar carro	Ter uma piscina
Estudar	Se formar	Aprender idiomas
Novas amizades	Ler mais	Emprego melhor
Salário melhor	Plantar árvores	Escrever livros
Visitar a família	Formar os filhos	Viajar para o exterior
Fazer caridade	Pular de paraquedas	Esportes radicais
Ter casa na praia	Ter um sítio	Mudar de cidade
Cuidar da saúde	Fazer plástica	Emagrecer
Aprender a dirigir	Namorar	Trabalhar
Ter mais saúde	Passear mais	Sonhar mais

Agora, coloque os cinco sonhos em ordem de prioridade:

1. _____
2. _____
3. _____
4. _____
5. _____

3. Como você se sente com relação a esses sonhos? Qual deles é o mais importante?

4. Esses sonhos motivam você? Eles estão alinhados como os seus valores de vida?

5. O que, quem ou o que pode impedir você de realizar esses sonhos?

6. O que, quem ou o que pode auxiliar você a realizar esses sonhos?

7. O alcance desses sonhos depende exclusivamente de quem?

8. Quanto irá custar no futuro não ter alcançado esses sonhos?

9. Qual é a primeira ação que você deve tomar para ir em busca dos seus sonhos?

10. Descreva qual será o primeiro sonho que você irá realizar:

• O primeiro sonho que eu irei realizar será:
• Eu conquistarei esse sonho até esta data: ____/____/____

CHECKLIST DE VALORES E SONHOS

Agora reescreva abaixo seus principais valores e sonhos, verifique se eles estão alinhados ao seu propósito de vida:
• Meu propósito de vida é:

Meus cinco valores em ordem de prioridade são:

1. _____
2. _____
3. _____
4. _____
5. _____

Meus cinco sonhos em ordem de prioridade são:

1. _____

2. _____

3. _____

4. _____

5. _____

• Meus objetivos pessoais para os próximos 12 meses são:

• Meus objetivos profissionais para os próximos 12 meses são:

Um beijo no seu coração!

"O homem é a águia que voa;
A mulher é o rouxinol que canta.
Voar é dominar o espaço;
Cantar é conquistar a alma.
Enfim, o homem está colocado onde termina a terra;
A mulher, onde começa o céu". - Victor Hugo

Neste momento que estamos chegando ao final do livro, quero pedir para que você curta cada instante da sua vida, na sua potencialidade máxima, aproveitando cada minuto como se fosse o último.

O viver agora é a sua única certeza, é sua única oportunidade: agarre-o com garras de leoa!

Não deixe sua vida escoar pelos dedos das mãos, seja positiva, sorria, faça sua vida valer a pena.

Escolha neste exato momento abraçar com muita intensidade os próximos passos que dará em sua vida: você poderá escolher ficar abraçada com o seu passado ou você poderá escolher abraçar ainda hoje sua felicidade. Se você decidir abraçar a felicidade, eu tenho certeza de que estará afastando definitivamente o fracasso, a incerteza e a angústia do seu coração.

Quero novamente reforçar para você, mulher que é um show, que o menor caminho entre a sua mente e o seu coração é o seu ombro amigo, portanto, auxilie o maior número de pessoas que puder em sua vida, isso a deixará mais e mais feliz.

Escolha ajudar os outros sempre que puder, dê a eles o dom da sua presença, do seu amor incondicional, da sua melhor qualidade de atenção e a vida lhe retornará em dobro, esta é a lei universal do ato de dar e receber, fazendo aos outros aquilo que você quer que os outros façam por você.

Como disse a querida Madre Teresa de Calcutá : "nem todos nós podemos fazer grandes coisas. Mas podemos fazer pequenas coisas com grande amor".

Não permita que pensamentos negativos voltem a habitar sua mente, não permita que pessoas negativas se aproximem de você, se afaste de pessoas que queiram puxar você e se alie a pessoas que possam alavancá-la, impulsioná-la, dar um salto de qualidade na sua vida.

Seja mais seletiva e escolha estar ao lado de pessoas felizes, assuma controlar seus limites e potencializar suas habilidades, amando quem você é a partir de si mesma.

Quero reforçar que a mudança começa a partir de você, é de dentro para fora e nunca de fora para dentro.

E quando, finalmente, você libertar esta "mulher que é um show" que vive dentro de si, sua vida será definida pelo amor e nunca mais pelo medo.

Eu desejo, sinceramente, que você possa se libertar de seus medos e viver com intensidade uma vida regida pelo respeito e pelo amor.

Lembre-se sempre: você é a única responsável pelas escolhas que faz, então minha sugestão é que, a partir de hoje, escolha amar para ser feliz e, deste modo, você sempre será...

...Linda, maravilhosa e poderosa!

Você é um show!

Um beijo no seu coração!

Edson De Paula

Convite

Convido você para fazer parte da comunidade de pessoas especiais que já participaram dos meus treinamentos, palestras, seminários e processos de *coaching*. Para obter mais informações atualizadas, acesse meu site www.edsondepaula.com.br

Aproveite e leia também o meu livro TORCENDO POR VOCÊ!

Mulheres que são um show!

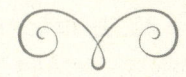

Conheça algumas mulheres que são um show na vida e que em uma página ou outra podem ter sido citadas neste livro.

Este apêndice foi escrito para homenagear todas as mulheres que são um show e que fazem da vida um grande show.

Seja você também um show!

MADRE TERESA DE CALCUTÁ
(1910-1997)

Madre Teresa de Calcutá nasceu em Skopje, República da Macedônia e ficou mundialmente conhecida por suas obras de caridade com os pobres da Índia, seu verdadeiro nome era Anje-zë Gonxhe Bojaxhiu, sendo beatificada pela igreja católica no ano de 2003. Foi considerada como a maior missionária do século XX, principalmente pela fundação da congregação das "missionárias da caridade" que presidia desde 1965. Em 1979, recebeu o Prêmio Nobel da Paz por seu trabalho com os pobres e doentes na Índia. No mesmo ano, o Papa João Paulo II a nomeou como sua "embaixadora" em todas as nações. Quando ganhou o Prêmio Nobel, perguntaram-lhe "o que podemos fazer a fim de promover a paz mundial?" e ela, com um sorriso respondeu "voltem para seus lares e amem suas famílias". Recebeu de várias universidades mundiais o título de "Honoris Causa", além de condecorações de presidentes de várias nações. Madre Teresa foi, sem dúvidas, uma referência na terra e no céu.

DIANA, PRINCESA DE GALES
(1961-1997)

Diana Frances Spencer, a "Lady Di", como ficou conhecida mundialmente, nasceu em 1961 na cidade de Sandringham na Inglaterra e foi uma aristocrata e filantropa inglesa. Casou-se em 1981 com o príncipe Charles, o que a tornou uma das mulheres mais famosas do mundo, tornando-se uma celebridade, um ícone de beleza e moda, sinônimo de elegância feminina. Lady Di, apesar do título, era muito simples e simpática. Foi uma mulher muito admirada pelo povo inglês e por todo o mundo pelos seus trabalhos filantrópicos, especialmente no combate à AIDS e em campanhas internacionais de caridade aos povos menos favorecidos. Sua presença era constante nos meios de comunicação de quase todo o mundo, com a sua maneira meiga, elegante e cordial e, em 1992, rompeu o relacionamento com o príncipe Charles, devido a crises matrimoniais. Sua trágica e inesperada morte, ocorrida após um acidente automobilístico na cidade de Paris em 1997, comoveu o mundo. Estima-se que cerca de 2,5 bilhões de pessoas acompanharam seu funeral pelos meios de comunicação, tal era sua popularidade.

MARGARET THATCHER
(1925-2013)

Margaret Thatcher, a "Dama de ferro", como ficou conhecida mundialmente, nasceu em Grantham, na Inglaterra, e foi a primeira mulher a ocupar o cargo de "primeiro-ministro" na Grã-Bretanha em 1979 e seu governo durou 11 anos. Os primeiros anos de governo de Thatcher foram marcados por greves e manifestações sindicalistas, mas sua postura firme e intervenção na Guerra das Malvinas em 1982 lhe rendeu popularidade, o que a levou à reeleição em 1984. Thatcher tinha como principal propósito reverter o que via como declínio nacional do seu país e, com ela, a economia britânica passou por um desagradável, mas importante cenário de reorganização. O presidente dos EUA na época, Ronald Reagan, considerou Thatcher como "o homem forte do Reino Unido", devido à sua presença marcante perante o poder. Foi reeleita novamente em 1989, mas acabou renunciando em 1990 devido às divergências que tinha com o seu partido. É considerada a primeira mulher a dirigir uma nação na democracia moderna.

MARY KAY ASH
(1918-2001)

Mary Kay Ash nasceu no Texas e foi uma empresária norte-americana, fundadora da Mary Kay Cosmetics, Inc, uma das empresas líderes mundiais no segmento de cosméticos e maquiagem. Mary Kay foi um exemplo de mulher empreendedora, quando se aposentou em 1963 após trabalhar durante 25 anos no mercado de vendas, decidiu escrever um livro para orientar as mulheres que tinham o interesse de ingressar no mundo dos negócios que era, naquela época, completamente dominado pelos homens. Juntando todas suas economias oriundas de sua aposentadoria, ela criou um plano de marketing para criar uma empresa especialmente dedicada às mulheres, surgia então a Mary Kay Cosméticos. Durante anos liderou diretamente sua empresa com base nos princípios que acreditava, tornando-a um grande sucesso, alguns estudos acadêmicos apontam Mary Kay Ash como a maior empreendedora do sexo feminino da história dos EUA. Faleceu em 2001 e deixou um legado importante para as mulheres de todo o mundo, com um modelo de liderança empresarial que dizia: "Líderes ensinam. Eles motivam. Eles se importam. Líderes fazem de tudo para que a estrada que leva ao sucesso seja sempre ampla e reta o suficiente e assim outras pessoas possam percorrê-la".

COCO CHANEL
(1883-1971)

Gabrielle Bonheur Chanel, mais conhecida como Coco Chanel, nasceu em Saumur, na França, e foi uma influente estilista, suas criações e designs revolucionariam o mundo da moda no século XX. Em 1910 abriu sua primeira loja, onde vendia chapéus. Durante anos conviveu na alta roda da aristocracia parisiense, em que conheceu e conviveu com amigos famosos como Stravinski, Jean Cocteau, Pablo Picasso, Salvador Dali, entre outros que a influenciaram nas tendências artísticas. A moda de Chanel libertou a mulher, principalmente das faixas, cintas e corpetes apertados e das longas saias com babados da época. Foi ela quem introduziu o uso da malha, os trajes com tecido xadrez, calças boca de sino, jaquetas curtas, além dos vestidos com cores vibrantes como o negro metálico e o vermelho escarlate com laços e paetês. Com Chanel, a mulher se tornou mais elegante e é dela a criação do vestido "pretinho básico", pois acreditava na simplicidade e que a moda deveria ser acessível a todas as mulheres. Além das confecções de moda, também desenvolveu sua linha de perfumes, sendo o mais famoso o Chanel Nº 5.

MARILYN MONROE
(1926-1962)

Norma Jean Baker, a famosa Marilyn Monroe, nasceu em 1926 na cidade de Los Angeles (EUA) e saiu da pobreza na infância para se tornar uma das lendas mais emblemáticas do cinema. Seus filmes tiveram um sucesso moderado, mas sua fama duradoura veio por meio de seus belíssimos ensaios fotogênicos e da sua aparência e aura de glamour e sofisticação. Como atriz, modelo e cantora norte-americana, Marilyn Monroe se tornou um grande símbolo sexual, ainda hoje iconizado mundialmente. O estereótipo da loira altamente sensual e ao mesmo com uma ingenuidade simplória era a sua marca registrada e foi amplamente utilizada para efeito cômico nos filmes em que participou. Marilyn Monroe teve uma carreira curta e meteórica e até hoje tem sido frequentemente citada como um ícone da cultura pop mundial, sendo referenciada entre as dez estrelas femininas de maior impacto de todos os tempos.

J. K. ROWLING
(1965)

Joanne Rowling nasceu em 1965 na cidade de Yate, Inglaterra, e é a autora do best-seller, o fenômeno de vendas Harry Potter. Em 1991, J. K. Rowling deixou a Inglaterra para conseguir um emprego como professora de Inglês em Portugal, lá ela conheceu seu primeiro marido, e eles tiveram uma filha. No entanto, após alguns anos, o casal se separou depois de uma forte discussão e J. K. Rowling foi, literalmente, jogada para fora de sua casa. Então, ela voltou para a Inglaterra em 1994, onde terminou de escrever seu primeiro livro, lutando para fazer face às despesas como mãe solteira. Quando o primeiro livro finalmente foi lançado em 1996, em poucas semanas as vendas decolaram e se tornou um sucesso mundial, o volume de vendas foi tão grande que foi creditado como um marco do renascimento do hábito da leitura por crianças. Em 1998, a Warner Bros fechou um contrato com ela para garantir os direitos de filmagem dos livros e, em 2010, o parque Universal Studios cria uma área temática exclusiva com o mundo de Harry Potter. J. K. Rowling é considerada hoje uma das escritoras mais bem-sucedidas da história da literatura inglesa de todos os tempos em resultados de vendas.

MADONNA
(1958)

Madonna Louise Ciccone, a Madonna, nasceu em 1958 na cidade de Bay City nos EUA e é uma cantora, atriz, dançarina e estrela de cinema norte-americano. Ela se mudou para Nova York em 1977, onde começou a fazer aulas de canto e dança. Trabalhou em alguns grupos de dança e canto e, em 1983, conseguiu uma oportunidade para gravar seu primeiro disco e, em seguida, ganhou popularidade com seus videoclips na MTV. Ela teve uma profunda influência na cultura pop, muitas vezes cortejando controvérsia por sensibilidades religiosas e morais perturbadoras. Ela já vendeu mais de 300 milhões de discos em todo o mundo, fazendo dela a artista feminina mais vendida de todos os tempos e, em 2008, Madonna ficou na segunda posição da famosa revista Billboard, atrás dos Beatles, na lista de maiores artistas de todos os tempos. Foi a primeira artista pop feminina a ficar bilionária e é considerada como a "Rainha do Pop". Madonna é um ícone da música pop e, constantemente, remodela sua imagem e sua música, esta inovação constante e a busca pela perfeição lhe dá um nível de autonomia dentro da indústria fonográfica, servindo de modelo para as novas gerações de artistas.

ZILDA ARNS
(1934-2010)

Zilda Arns Neumann nasceu em 1934 na cidade de Forquilhinha, em Santa Catarina, e foi uma médica pediatra e sanitarista brasileira. Irmã de Dom Paulo Evaristo Arns, Zilda foi fundadora em 1983 da Pastoral da Criança e da Pastoral da Pessoa Idosa, instituições de ação social da CNBB (Conferência Nacional dos Bispos do Brasil). Esteve à frente da Pastoral ao longo de 25 anos e expandiu um programa para evitar a mortalidade infantil com a disseminação do uso de soro caseiro, que chegou a alcançar quase todo o território nacional, além de vinte países na América Latina, Ásia e África. Este trabalho foi fundamental para reduzir a mortalidade infantil, levando-a a receber uma indicação ao Prêmio Nobel da Paz em 2006. Também recebeu várias menções e títulos de cidadã honorária do Brasil. Cumprindo sua missão, em 2010 viajou para Porto Príncipe no Haiti, onde realizou uma última palestra sobre seu trabalho na Pastoral para religiosos haitianos. O objetivo era ensinar como montar o programa no Haiti, mas logo após o término da palestra, o país foi imediatamente atingido por um violento terremoto. Zilda Arns foi uma das vítimas desta catástrofe, mas seu legado para a manutenção da vida permanece até hoje.

HEBE CAMARGO
(1929-2012)

Hebe Maria Monteiro de Camargo Ravagnani, a nossa querida Hebe Camargo, nasceu em 1929 na cidade de Taubaté em São Paulo e foi uma apresentadora de televisão, atriz, humorista e cantora, sendo considerada a "rainha da televisão brasileira". Hebe teve uma infância simples e humilde e, em meados da década de 40 formou uma dupla caipira "Rosalinda e Florisbela" com sua irmã, mas com o tempo, a dupla se desfez e Hebe seguiu sua carreira solo cantando no rádio e, posteriormente, na televisão. Participou da primeira transmissão ao vivo da televisão brasileira pela TV Tupi e em 1955 estreia o seu primeiro programa na TV intitulado "O mundo das mulheres", considerado o primeiro programa exclusivamente feminino da televisão brasileira. Em 1966, lança o seu próprio programa dominical pela TV Record e a partir daí teve participação ativa em quase todas as emissoras do país ao longo de sua brilhante e dignificante carreira. Com seu sorriso estonteante e natural, Hebe Camargo cativou a preferência do público brasileiro, especialmente das mulheres que sempre reverenciou nos seus programas. Em homenagem à artista, seu nome foi dado à uma avenida na cidade de São Paulo.

DILMA ROUSSEFF
(1947)

Dilma Vana Rousseff nasceu em 1947 na cidade de Belo Horizonte em Minas Gerais, e é uma economista e política brasileira. Em 2010, Dilma Rousseff foi a primeira mulher a ser eleita e obter o posto de chefe de estado e de governo em toda a história do Brasil. Desde a adolescência até sua juventude, Dilma se interessou pelos ideais socialistas e atuou em movimentos revolucionários no Brasil. Em 1977, formou-se em Economia e iniciou sua carreira política. Em 2002 ocupou o cargo de ministra das Minas e Energia e em 2005 assume o cargo de ministra da Casa Civil, onde teve início sua trajetória ao cargo de presidente. Em 2011, um ano após ter sido eleita, Dilma Rousseff foi incluída na lista das 100 personalidades mais influentes do mundo pela revista Time e como a 3ª mulher mais poderosa do planeta pela revista Forbes. No mesmo ano, Dilma Rousseff foi a primeira mulher a iniciar a Assembleia Geral das Nações Unidas em toda a história da ONU.

MALALA YOUSAFZAI
(1997)

Malala Yousafzai nasceu em Mingora, no Paquistão, em 1997 e é uma estudante ativista pelos direitos à educação para as mulheres que foram proibidas de frequentar as escolas pelo Talibã, regime governamental existente no país. Em 2009, Malala com apenas 12 anos de idade resolveu escrever pseudonimamente em um blog para a BBC de Londres, expressando seu descontentamento sobre as proibições que o regime impunha, especialmente às mulheres, como fazer compras e frequentar escolas. Muitas escolas para meninas foram explodidas pelo regime que, em um certo momento, acabou descobrindo o pseudônimo que Malala utilizava para se comunicar e, tanto ela como sua família começaram a receber ameaças de morte. Em 2012, ela foi baleada na cabeça e pescoço em uma tentativa de assassinato por talibãs armados quando voltava para casa em um ônibus escolar. Em um rápido movimento de alguns médicos ingleses que visitavam o Paquistão, Malala foi transferida para a Inglaterra que a acolheu e, milagrosamente, sobreviveu ao ferimento de bala, tornando-se porta-voz ativa pelos direitos humanos, educação e direitos das mulheres. Malala recebeu inúmeros prêmios de paz, e foi a mulher mais jovem a ser indicada ao Prêmio Nobel da Paz em 2013.

Referências

Este livro foi baseado em alguns conceitos das referências abaixo citadas. Se você quiser se aprofundar mais sobre os conceitos, aconselho a leitura destes livros:

DE PAULA, Edson. *Torcendo por você!* Ser Mais, 2012.

PEASE, Allan e Barbara. *Por que os homens fazem sexo e as mulheres fazem amor.* Sextante, 2000.

LUSKIN, Dr. Fred. *O poder do perdão.* Francis, 2007.

GRAY, John. *Homens são de marte, mulheres são de Vênus.* Rocco, 1996.

URBAN, Hal. *Escolhas que podem mudar a sua vida.* Sextante, 2010.

PEASE, Allan e Barbara. *Por que os homens mentem e as mulheres choram?* Sextante, 2003.

ARGOV, Sherry. *Por que os homens amam as mulheres poderosas?* Sextante, 2009.

SILVERSTEIN, Michael J. SAYRE, Kate. *Women want more.* The Boston Consulting Group, 2009.